August Huther

Goethes ´´Faust´´

Über Entstehung und Komposition des Gedichtes

August Huther

Goethes ´´Faust´´
Über Entstehung und Komposition des Gedichtes

ISBN/EAN: 9783743396203

Hergestellt in Europa, USA, Kanada, Australien, Japan

Cover: Foto ©Thomas Meinert / pixelio.de

Weitere Bücher finden Sie auf **www.hansebooks.com**

Die verschiedenen Pläne
im
ersten Teile von Göthes Faust.

Ueber Entstehung und Komposition
des Gedichtes.

Ein Versuch
von
Dr. A. Huther,
Gymnasiallehrer.

COTTBUS,
Verlag von Paul Kittel.
1887.

Vorwort.

Die Anregung zu der vorliegenden Schrift verdankt der Verfasser den kritischen Untersuchungen Vischers über den Faust. Indem hier zuerst auf die Spuren eines von dem jetzigen Gange des Gedichtes abweichenden, durch die Figur des Erdgeistes bestimmten älteren Planes hingewiesen war, lag es ihm nahe, die mannigfachen Widersprüche und Unebenheiten, die sich in dem Gedichte finden, durch die Annahme verschiedener Versionen, welche ursprünglich selbständig bearbeitet und später nicht vollkommen mit einander verschmolzen wurden, zu erklären zu suchen. Namentlich war es der in der Zeichnung des Mephistopheles hervortretende Widerspruch, welcher den Verfasser zu der Vermutung führte, dass Göthe sich hierbei von einem zwiefachen Plane habe leiten lassen. Denn wenn wirklich Mephistopheles überall in gleicher Weise als der den Helden durch Übermass an Genüssen zu verderben trachtende höllische Geist gedacht werden sollte: wie konnte ihm dann der Dichter jenem gegenüber Mah-

nungen voll so gesunder Vernunft in den Mund legen,
wie in der zweiten Scene im Studierzimmer in den Versen:

„O glaube mir, der manche tausend Jahre
An dieser harten Speise kaut . . . . .
Glaub' unser Einem, dieses Ganze
Ist nur für einen Gott gemacht!
Er findet sich in einem ew'gen Glanze,
Uns hat er in die Finsternis gebracht,
Und euch taugt einzig Tag und Nacht."

Vischer, dem der auffallende Charakter dieser Worte nicht verborgen blieb, leitet dieselben aus einem Rollenwechsel her, vermöge dessen Mephistopheles die Vernunft, die sich in Faust durch einen falschen Phantasiezusatz überfliegt, gegen Faust in Schutz nimmt, während die Sinnlichkeit, die sonst Mephistopheles vertritt, sich in Faust den vernünftigen Lehren des Mephistopheles entgegenstemmt. Aber was hiesse dies anderes als dem Dichter eine augenscheinliche Inkonsequenz zuschreiben, da er der dargebotenen Erklärung zufolge geradezu beide Charaktere mit einander verwechselt haben müsste? Vielmehr ergab sich hier wiederum die Notwendigkeit, eine Mehrheit von Plänen anzunehmen, welche das Verhalten des Mephistopheles unter einem verschiedenen Gesichtspunkte zu betrachten gestatten. Um nun jene in ihrer Gesamtheit feststellen zu können, war es erforderlich, zunächst auf die Entstehungszeit der einzelnen Teile des Gedichtes einzugehen. Hierbei kamen dem Verfasser ausser den hierauf bezüglichen chronologischen Nachrichten mancherlei moderne Forschungen, insbesondere von Scherer, zu Hülfe, wodurch auf die Anklänge vieler Stellen des Faust an andere Schriften Göthes hingewiesen, und somit ein Anhaltspunkt für die chronologische Fixierung der ersteren gegeben war. Denn die wiederholte, Gedanken und Ausdruck betreffende Gleichheit von Stellen verschiedener Werke kann nicht aus dem Spiel des Zufalls erklärt werden, sondern nur aus dem Umstande, dass diese den Dichter gleichzeitig beschäftigten und so zuweilen in einander überfliessen mochten.

Dies über die Veranlassung zu der nachstehenden Untersuchung. Was nun das darin eingehaltene Verfahren anlangt, so glaubte der Verfasser von der Voraussetzung einer von Anfang an das ganze Gedicht umspannenden Idee, welche die philosophischen Erklärer demselben zu Grunde zu legen geneigt sind, völlig absehen und nur, von der unbefangenen Betrachtung des Einzelnen ausgehend, dem, was dem schaffenden Künstler hier vorgeschwebt hat, nachforschen zu sollen, um so einer sich auf gesichertem Verständnis der Teile aufbauenden Auffassung des Ganzen näher zu kommen. Wenn er bei dem somit anzuwendenden kritischen Verfahren im Gegensatz zu denjenigen, welche ein unmittelbares Geniessen dessen wollen, das sich ihnen im allgemeinen als einheitlich vollendetes Kunstwerk darstellt, vielfach ein Aufreissen des ganzen Gefüges nicht gescheut hat, so schien ihm dies Vorgehen gerade dem Faust gegenüber nicht zu vermeiden, der bei einer die Kritik ablehnenden Lektüre wohl eine allgemeine Wirkung auf Gefühl und Phantasie, keineswegs aber ein die einzelnen Glieder und Bausteine ins Auge fassendes Verständnis zulässt. Freilich wird das Lesen über das Gedicht die eindringende Betrachtung des Gedichtes selber nicht ersetzen, sondern derselben nur vorbereitend und die Schwierigkeiten aus dem Wege räumend dienstbar sein können, um so einem auf dem Einblick in des Dichters eigenste Intentionen beruhenden und damit vertieften Geniessen entgegenzuführen. Wenn der Verfasser nun gewagt hat, mit dem, was sich ihm in dieser Beziehung darbot, hervorzutreten, so geschah es vornehmlich zu dem Zwecke, um das, was er zumeist fremder Anregung verdankt, in sich selber zu grösserer Klarheit zu verarbeiten. Sollte er zugleich auch anderen, welche dem unsterblichen Geisteswerke des grössten unserer Dichter ihr Interesse widmen wollen, eine, wenn auch geringe, Handhabe zum leichteren Eindringen in dasselbe darzureichen imstande sein, so würde es ihn herzlich freuen. In diesem Sinne übergiebt er das Schriftchen der Öffentlichkeit mit der Bitte um wohlwollende Aufnahme.

Cottbus, im Januar 1887.

A. Huther.

Die Zeit ist vorüber, wo man nach einer allgemeinen Idee suchte, aus welcher sich alle Rätsel und Tiefen des Götheschen Faust sollten ableiten lassen. Göthe selber weist eine solche Erklärungsart zurück mit den Worten gegen Eckermann: „Da kommen sie und fragen, welche Idee ich in meinem Faust verkörpert habe. Als ob ich das selber wüsste". Dagegen giebt er uns einen Wink, wie er seine Werke überhaupt verstanden wissen will, indem er dieselben als seine Beichte bezeichnet. Und als ein Selbstbekenntnis kann wohl keines mehr gelten, als der Faust. Er ist ein Rahmen, in welchen der Dichter das gesamte Geistesleben, welches ihn während des sechzigjährigen Zeitraums von dessen Entstehung erfüllte, in seinen Hauptrichtungen niedergelegt hat. Nun ist es aber eine Reihe von Entwicklungsstufen, welche Göthe in dieser langen Zeitstrecke durchmessen hat, und das Gedicht wird demgemäss eine Mehrheit von Bearbeitungen erfahren haben, deren jede einer bestimmten Lebensepoche des Dichters entspricht. Die Ansicht, dass in dem ersten Teile, welcher ausschliesslich uns hier beschäftigt, ein zwiefacher Plan zu unterscheiden sei, ist denn auch schon von mehrfacher Seite zur Geltung gebracht, zuerst von Vischer, Göthes Faust, S. 12 ff., wo derselbe auf die Spuren eines älteren, von dem jetzigen Gange des Gedichtes unabhängigen Planes hinweist, demzufolge Mephistopheles nicht als von dem Herrn, sondern vom Erdgeiste dem Helden zugesandt erscheint. J. Schmidt Göthes Faust, ein Versuch, in den preuss. Jahrb. Bd. 39, S. 361 ff., nimmt ebenfalls zwei Versionen des Gedichtes an, von denen die ältere, im wesentlichen bereits 1774 vollendete ein Ausfluss der den Dichter beherrschenden Sturm- und Drang-Periode gewesen sei, die jüngere dagegen, welche das bei einer späteren Bearbeitung Hinzugetretene umfasse, erst den jetzigen Plan in dem Stücke zur Durchführung gebracht habe. Auch K. Fischer, in seinem „Göthes Faust", findet zwei besondere Pläne vor, welche in den Worten der Beschwörungsscene (V. 945—46 nach der Schröerschen Zählung) zusammentreffen sollen:

„Bist du, Geselle,
Ein Flüchtling der Hölle? . . . ."

Beide unterscheiden sich nach Fischers Ansicht im wesentlichen durch die verschiedne Fassung der Figur des Mephistopheles. Nach dem älteren Plane, meint er, ist dieser ein vom Erdgeist gesandter irdischer Elementargeist, nach dem neueren, welcher mit den citierten Worten eingeleitet wird, der von Gott, dem Herrn, beauftragte höllische Geist. Wenn wir aber auf Grund der in dem Werke vorhandenen Spuren, sowie der in betreff der Entstehung desselben überlieferten chronologischen Daten genauer alle einzelnen Bestandteile, in welche dasselbe zerfällt, auszuscheiden suchen, so lassen sich darin nicht weniger als fünf auf eine besondere Epoche in des Dichters Lebensgange hinweisende Pläne erkennen, von denen die ersten drei ursprünglich ebensoviele selbständig bearbeitete fragmentarische Ansätze bildeten, und erst die beiden letzten den früheren dreigliederigen Kern zu einem einheitlichen Organismus zusammenzufassen bestimmt waren. Durch den Nachweis der hiermit bezeichneten verschiedenen Pläne hofft der Verfasser die Frage nach der Entstehung und Zusammensetzung des Gedichtes vollständiger, als es bisher geschehen ist, zu lösen. Wie weit die hierbei verfolgte Methode zugleich geeignet ist, auf das Werk selber ein helleres Licht zu werfen, wird im Laufe der Darstellung leicht zu beurteilen sein.

I.

§ 1. Wir haben, um altes und neues in dem Gedichte, wie es jetzt vorliegt, von einander zu sondern, einen Anhalt an der im allgemeinen die älteren Teile veröffentlichenden Fragment-Ausgabe desselben vom

Jahre 1790. Diese schliesst jedoch schon eine Mehrheit von Plänen in sich. Der früheste Ansatz zum Faust muss bereits im Jahre 1771, der Zeit unmittelbar nach Göthes Rückkehr von der Strassburger Universität, vorhanden gewesen sein. Das bezeugt des Dichters eigene chronologische Angabe von jenem Jahre in Dichtung und Wahrheit, B. 12: „der Faust war schon vorgerückt." Der Ausdruck „vorgerückt" deutet an, dass das Werk bereits bis zu einem gewissen Umfange gediehen war. Welches ist nun der Plan, welcher dem schon damals vorhandenen Komplexe zu Grunde gelegt und hiernach als der älteste der im Faust behandelten zu betrachten ist? Wir suchen denselben im folgenden aufzudecken.

Nun hat schon Schröer, Faust von Göthe, S. 17, nachgewiesen, dass die Anfangsverse des ersten Monologs, womit die erste fragmentarische Ausgabe des Gedichtes begann,*) bis Vers 74 an einen Brief Göthes aus dem Jahre 1769, welcher letzteren in der Lage und Stimmung Fausts schildert, anklingen und deshalb gleichzeitig mit jenem verfasst sein müssen. Dass es das Jahr 1769 war, wo der Faust zuerst in Angriff genommen wurde, bestätigt die Angabe Riemers und Eckermanns aus dem Jahre 1839, wonach die Anfänge der Dichtung in jenes Jahr fielen.

---

*) Die Zueignung, das Vorspiel auf dem Theater und der Prolog, welche jetzt dem Monolog vorangehen, traten erst in der zweiten Auflage des Gedichtes von 1808 hinzu.

Auf dieselbe Entstehungszeit lassen die Verse, wie mir scheint, auch sonst mancherlei Beziehungen im einzelnen erkennen, zunächst der Vers 24:

„Drum hab' ich mich der Magie ergeben . . ."

sowie die weiteren Verse von 49—56, worin der Held von magisch-alchymistischen Instrumenten umgeben geschildert wird. Denn sie stellen offenbar den unter Fausts Maske verborgenen Dichter selber dar, wie er dem Berichte in Dichtung und Wahrheit zufolge im Jahre 1769 in dem mit einem chemischen Apparat ausgestatteten Giebelzimmer seines väterlichen Hauses mit magisch-alchymistischen Studien und Experimenten beschäftigt weilte. Auch die Verse 29—31:

„Dass ich erkenne, was die Welt
Im Innersten zusammenhält . . . ."

stehen in Beziehung auf Göthes eigene Forschungen aus jenem Jahre, die auf Entdeckung der „aurea catena Homeri," des mystisch-phantastischen Bandes, welches die Natur in allen ihren Teilen verknüpfen sollte, gerichtet waren. Auf seine ihm damals zum Bewusstsein kommende Neigung, das, was er selber gelehrt war, sofort anderen vorzudocieren, wovon in Dichtung und Wahrheit berichtet wird, mag es endlich zurückzuführen sein, wenn er im Monolog als Professor auftritt, während die Sage Faust nur als Scholastikus erscheinen lässt.

Die unverkennbaren Beziehungen auf das Leben des Dichters aus dem Jahre 1769, welche sich sonach in dem Monolog vorfinden, lassen uns annehmen, dass der letztere im Anschluss an die in demselben dargestellten Verhältnisse geschaffen wurde. Schon hier tritt das eigentümliche Verfahren hervor, welches Göthe bei der Schöpfung seines Faust verfolgt hat, indem er einen selbsterlebten Stoff in den Rahmen der alten Volkssage kleidete. Er legt hierbei den Gang des aus dem Marlowschen Faust geflossenen deutschen Volks- und Puppenspiels zu Grunde. Dem letzteren speziell scheinen die vier ersten Verse des Monologs:

„Habe nun, ach! Philosophie,
Juristerei und Medizin,
Und, leider! auch Theologie
Durchaus studiert mit heissem Bemüh'n."

nachgebildet zu sein. Denn auch dort sagt sich der Held in den Eingangsworten von der Beschäftigung mit den Wissenschaften der verschiedenen Fakultäten los, deren Resultatlosigkeit er erkannt hat. Mit dem Volksschauspiel stimmt ferner der weitere Verlauf des Monologs überein. Die Verzweifelung an dem Erfolge der wissenschaftlichen Forschung treibt ihn hier wie dort aus dem Studierzimmer heraus, um in der einsamen Natur mit Hülfe der magischen Mächte zu der Erkenntnis des innern Wesens der Dinge, welche die Wissenschaft ihm nicht zu bieten vermag, durchzudringen.

Hiernach erscheint die Tendenz des Faustischen Strebens dem Vorgange des Volksschauspieles entsprechend zunächst auf Befriedigung des Erkenntnisdranges gerichtet. Die Worte V. 29—30:

„Dass ich erkenne, was die Welt
　Im Innersten zusammenhält ..."

bezeichnen somit das Thema des ältesten Planes der Dichtung. Dieser Gang des Monologs, welcher in den Anfangsversen desselben deutlich hervortritt, wird aber mit dem die Beschwörung der magischen Geister vorführenden Abschnitte von V. 77 bis zum Ende der ganzen Partie unterbrochen. Derselbe lässt das Trachten des Helden eine ganz andere, nämlich auf praktische Bethätigung gehende Richtung nehmen. Göthe giebt dem Gedichte hier somit, wie wir weiter unten noch näher nachzuweisen haben werden, eine von dem Verlaufe des Volksstückes abweichende Wendung. Nun hat bereits Scherer, Göthe-Jahrbuch von 1885, S. 259, auf Grund einer kritischen Untersuchung dargethan, dass die letzteren Verse mit den unmittelbar vorhergehenden in keinerlei logischem Zusammenhange stehen. Schon die Verse 75—76:

„Ihr schwebt, ihr Geister, neben mir;
Antwortet mir, wenn ihr mich hört!"

sind unvereinbar mit den früheren, welche Fausts Absicht aussprechen, ins Freie hinauszufliehen, und dienen augenscheinlich nur dazu, um äusserlich einen Übergang zu den folgenden herzustellen, der eigentlich keiner ist. Scherer vermutet deshalb, dass die Verse, welche des Helden Flucht vorbereiten, ursprünglich in diesem

Zusammenhange fremd gewesen seien und vielmehr die Einleitung zu einem älteren Plane gebildet haben, ohne indes auf diesen Gedanken näher einzugehen. Ich finde nun ein Element von dem Plane, welchen jene Verse einzuleiten bestimmt erscheinen, in der Spaziergangsscene. Dieselbe war zwar noch nicht in der im übrigen die älteren Scenen veröffentlichenden Fragmentausgabe von 1790 enthalten. Den Freunden Göthes waren aber auch ungedruckte ältere Teile aus dessen Manuscripten bekannt (s. Düntzer, Göthes Faust, I, S. 82). Dass hierzu der „Spaziergang" gehört haben muss, dürfte schon aus dem hier zu beachtenden Fehlen der Figur des Mephistopheles zu schliessen sein. Göthe hat bekanntlich zur Zeichnung der letzteren seinen Freund, den Kriegsrat Merck aus Darmstadt, als Vorbild benutzt. Diesen lernte er aber erst im Verlauf des Jahres 1771 kennen. Da nun diese Figur, welche in alle andern Scenen, mit Ausnahme der mit dem „Spaziergange" zusammenhängenden, hineinspielt, hier noch fehlt, so muss die letztere Scene zu den Teilen gerechnet werden, welche als in dem bezeichneten Jahre bereits concipiert vorauszusetzen sind. Dies folgt auch daraus, dass die Scene sich, wie im Nachstehenden gezeigt werden soll, ihrem Thema nach an die 1769 geschaffenen Verse des Monologs anschliesst. Die zwischen dem Monolog und der Spaziergangsscene befindlichen Partieen „Gespräch zwischen Faust und Wagner" und der zweite

Monolog sind nachweislich späteren Ursprungs. Auf den letzteren werden wir uns unten näher einzulassen haben. Das erstere setzt Göthes Beschäftigung mit den 1774—75 erschienenen theologischen Schriften Herders voraus. Im ganzen dürfte dasselbe nämlich den Eindruck zur Darstellung bringen, welchen der Dichter aus jenen von der Herderschen Art der theologischen Forschung gewonnen hatte. Nicht zufällig scheint er sich hier mit leidenschaftlichem Eifer auf die Seite des Pfarrers zu stellen, der, statt sich bei seinem Vortrage scenischer Mittel zu bedienen, unmittelbar aus dem lebendigen Urgrund der Seele schöpft. Der Pfarrer ist nämlich offenbar Herder selbst, von dessen „Erläuterungen zum Neuen Testamente" Göthe im Mai 1775 begeistert schreibt: „Gott weiss, dass das eine gefühlte Welt ist! Ein belebter Kehrichthaufen, deine Art zu fegen und nicht etwa aus dem Kehricht Gold zu sieben, sondern den Kehricht zur lebendigen Pflanze zu palingenesieren." Die Figur Wagners insbesondere scheint der Scene „Spaziergang vor dem Thore" entnommen zu sein, welche als schon früher geschaffen vorausgesetzt werden muss, bei der spätern Behandlung des Gedichtes aber vorläufig wegblieb. Auch der dort V. 651—56 geschilderte Famulus schwärmt für diejenige Art der Forschung, welche, der produktiven Kraft der eigenen Seele bar, sich genügen lässt, eine fremde Gedankenwelt in sich aufzunehmen. Der Dichter macht nun diese Figur in unserer Scene zum Repräsentanten der geistlosen, am

Buchstaben klebenden theologischen Richtung, welche bei den Komödianten in die Lehre gehen muss, um ihren Reden einen äusseren Effekt zu verleihen. Auf den Gleichklang des Ausdrucks „die ihr der Menschheit Schnitzel kräuselt" in V. 203 mit dem „gekräuselte Schnitzelwerke" in den Provinzialblättern XIV, welcher darauf schliessen lässt, dass Göthe bei Schöpfung unserer Scene gleichzeitig mit der Lektüre jener Herderschen Schrift beschäftigt war, weist schon Suphan im Göthe-Jahrbuch von 1885, S. 309 hin. Auch erinnert der V. 230 gebrauchte Ausdruck „Kehrichtfass" an den „Kehrichthaufen" in dem oben citierten Briefe.

§ 2. Die Flucht zur Natur, welche im Monolog beabsichtigt war, erscheint in der Spaziergangsscene ausgeführt. Die „Bergeshöhle", um die der Held nach V. 41 mit Geistern schweben will, dürfte derselbe höhlenartige Waldesort sein, welcher in einer andern Scene, nämlich in „Wald und Höhle", V. 2919—22, ausgemalt wird:

„Was hast du da in Höhlen, Felsenritzen
Dich wie ein Schuhu zu versitzen?
Was schlurf'st aus Moos und triefendem Gestein,
Wie eine Kröte, Nahrung ein?"

Diese Scene ist, wie wir zu zeigen haben werden, aus der des Spazierganges abgeleitet, und die bezeichneten Verse enthalten nur eine ausführlichere Schilderung des erhöht gelegenen Rastortes, an welchem der Held nach V. 669 der letzteren weilt. Offenbar stellt unsere

Scene die nach V. 39—44 des Monologs dem Dichter vorschwebende einsame Naturlandschaft dar, in welcher der Held die im Monolog geplante Geisterbeschwörung vornehmen soll. Göthe folgt hier nämlich wiederum dem Vorgange des Volksschauspiels, wonach Faust ebenfalls in eine abgelegene Gegend entweicht, um daselbst mittels eines Beschwörungsaktes mit den magischen Geistern in Verkehr zu treten. Ein Beweis dafür, dass in unserer Scene die im Monolog im voraus angedeutete Beschwörung ins Werk gesetzt werden sollte, liegt in dem Umstande, dass dieser Akt bei der späteren Bearbeitung des Gedichtes an die erstere angeknüpft wurde. Derselbe findet sich in der jetzt auf den „Spaziergang" folgenden ersten Scene im Studierzimmer ausgeführt.

Eine eigentümliche Abweichung der Scene von der die Beschwörung enthaltenden Partie des Volksstückes besteht freilich darin, dass in dieser den Helden die Absicht, den Beschwörungsakt vorzunehmen, sich hat ins Freie begeben lassen, während in jener die Sehnsucht nach dem Verkehr mit der lebendigen Natur als das Motiv erscheint, welches ihn hinausgetrieben hat. Diese Abweichung ist jedoch durch die reale Situation des Helden — dieser ist nämlich auch hier Göthe selber — bedingt, welche der Scene zu Grunde liegt. Auf diese müssen wir nun zunächst eingehen.

Die Scene greift nämlich auf einen Akt aus der Jugendzeit Göthes zurück, wo ihn in Wirklichkeit derselbe Hang zur Hingabe an die reale Natur hingezogen hatte, welcher den Helden im Gedichte an dieselbe fesselt. Damals hatte er, wie in Dichtung und Wahrheit, B. 6, ausführlich geschildert wird, aufs tiefste gekränkt durch die geringschätzige Äusserung eines heissgeliebten Mädchens, des nachmals im Gedichte unter gleichem Namen geschilderten Gretchen aus Frankfurt,*) menschenscheu einen entlegenen Waldesort in der Umgebung seiner Vaterstadt zum täglichen Aufenthalt gewählt, um dort im Anschauen der Natur seinen Liebesgram zu vergessen. Dieses Erlebnis ist es, welches der Dichter in der Scene dramatisiert hat. Lässt nämlich schon die hierin gemalte Scenerie: das mit Menschengewühl angefüllte Stadtthor, der mit Kähnen und Schiffen bedeckte Fluss, die ringsum verstreuten Lustorte, — wenngleich die Namen derselben im Gedichte fingiert sind — im allgemeinen die von Göthe mit seinen Freunden oft durchstreifte Umgebung der Mainstadt wiedererkennen, so führt uns speciell der in V. 669—70 angedeutete Rastort auf den nämlichen Platz hin, an welchem der jugendliche Misanthrop zu weilen pflegte. Dieser, nach der Beschreibung in Dichtung und Wahrheit inmitten der grössten Tiefe des Waldes in der nächsten Umgebung Frankfurts gelegen und mit dem dichtesten Gebüsch, aus dem bemooste Felsen mächtig und würdig hervorblickten und

---

*) Dasselbe hatte erklärt, den jungen Göthe nur als „Kind" geliebt zu haben.

ein wasserreicher Bach hervorquoll, umgeben, ist offenbar derselbe, welcher den schon citierten Versen von „Wald und Höhle" zu Grunde liegt:
„Was hast du da in Höhlen, Felsenritzen
Dich wie ein Schuhu zu versitzen?
Was schlurf'st aus Moos und triefendem Gestein,
Wie eine Kröte, Nahrung ein?"
Versen, welche, wie sich später zeigen wird, den jungen Göthe in der nämlichen Situation voraussetzen, wie die Stelle der Spaziergangsscene und deshalb hier zur Ergänzung der in der letzteren enthaltenen Schilderung angeführt werden mögen. Der Famulus Wagner,*) welcher im Gedichte dem Helden gegenüber steht, ist identisch mit dem Begleiter, welcher in Wirklichkeit dem jugendlichen Einsiedler zur Seite stand. Wenigstens ist der charakteristische Zug desselben, die Vorliebe für trockene Büchergelehrsamkeit, welcher in den Versen 751—56:
„Wie anders tragen uns die Geistesfreuden
Von Buch zu Buch, von Blatt zu Blatt . . ."
bezeichnet wird, augenscheinlich dem Begleiter des jungen Göthe entlehnt, welcher, ebenso wie Wagner nach des Dichters Erzählung, statt die Naturschwärmerei des Genossen zu teilen, sich lieber in seine diesem so tot erscheinenden Bücher vertiefte. Der nämlichen Sehnsucht ferner, welche den jungen Göthe, trotz der

---

*) Der Name findet sich schon in der Volkssage.

Trennung, nach dem geliebten Gretchen erfüllte, lässt
der Dichter seinen Helden in den Versen 759—62
Ausdruck verleihen:

„Zwei Seelen wohnen, ach! in meiner Brust,
Die eine will sich von der andern trennen;
Die eine hält in derber Liebeslust
Sich an die Welt mit klammernden Organen . . ."

Der realistische, auf die alte Liebschaft gerichtete
Zug in des Dichters Phantasie ist es, worauf der
Ausdruck „die eine Seele" gedeutet werden muss. Wir
würden diese Stelle bei der sonst in der Scene durchweg hervortretenden idealen Tendenz des Helden garnicht erklären können, wenn nicht ihre Beziehung auf
des Dichters Erlebnis nachzuweisen wäre. Auf ein
ganz specielles Vorkommnis aus der Zeit von Göthes
Aufenthalt an dem einsamen Waldesorte gehen endlich
die weiteren Verse bis 764:

„Die andere hebt gewaltsam sich vom Dust
Zu den Gefilden hoher Ahnen."

Man hat diese Verse, da man ihren Ursprung nicht
kannte, sogar schon dahin verstehen wollen, dass Faust,
der hier noch gläubig erscheine, sich zu dem Paradiese
der Ureltern des Menschengeschlechts zurücksehne!
Dieselben müssen ebenso wie die unmittelbar vorausgehenden Verse aus der unserer Scene zu Grunde
liegenden Situation des jugendlichen Göthe erklärt
werden. Der Begleiter machte denselben nämlich einst
darauf aufmerksam, dass er sich als wahren Deutschen

erweise, indem er sich, wie die germanischen Urväter, so gern den Gefühlen hingebe, welche die Natur in solcher Einsamkeit mit ungekünstelter Bauart vorbereitet habe. Auf die den alten Deutschen als Wohnsitz dienenden Waldesstätten, nach welchen der jugendliche Schwärmer — bei dem Zwiespalte seines Innern — die zweite Seite seiner Sehnsucht gerichtet fühlte, geht die Bezeichnung „Gefilde hoher Ahnen", zu welchen die „andere Seele" Fausts ihren Phantasieflug nimmt. Die direkte Beziehung dieser Stelle auf den bezeichneten Vorfall aus des Dichters Erlebnis lässt keinen Zweifel, dass die Scene überhaupt im unmittelbaren Anschluss an das letztere gedichtet ist.

§ 3. Weist aber der Stoff der Scene auf eine frühere Zeit zurück, so kann die Gestaltung derselben doch nicht vor dem Jahre erfolgt sein, in welches wir den Monolog — und mit diesem erscheint die Scene unsern obigen Ausführungen zufolge durch einen gemeinsamen Plan verbunden — verlegen mussten. Sie setzt nämlich gewisse äussere Anregungen voraus, welche sich dem Dichter erst seit diesem Jahre darboten. So ist es sicherlich der 1768 begonnene erste Türkenkrieg Katharinas von Russland, auf welchen die Worte des „andern Bürgers" V. 509—10 anspielen:

„Wenn hinten, weit, in der Türkei
Die Völker auf einander schlagen."

Dieselben können nicht etwa, wie Löper, Göthes Faust, in der Hempelschen Ausgabe der Götheschen

Werke, Bd. 12, S. L., meint, auch ganz allgemein auf die früheren, dem deutschen Reiche so oft bedrohlichen Türkenkriege, in deren Zeit die Faustsage spielt, bezogen werden. Der Ausdruck „weit, in der Türkei" deuten vielmehr auf einen Kampf auf türkischem Boden, nicht auf einen der Züge der Türken gegen das deutsche Grenzland, wie sie im Mittelalter häufiger stattfanden. Der Dichter hat hier offenbar, wie es uns noch öfter in dem Gedichte entgegentreten wird, ein ihn gleichzeitig interessierendes Ereignis als poëtisches Motiv verwertet. So sind es die zur Zeit, wo er mit Abfassung der Scene beschäftigt gewesen sein muss, von ihm betriebenen alchymistischen Studien, auf welche die weiteren Verse 686—95 zurückzuführen sein dürften. Göthe selber,*) — er nennt sich in Beziehung auf das Jahr 1769 einen Halbadepten, ein Wort, das an die „Gesellschaft von Adepten" in Vers 685 anklingt — war nämlich damals, wie es in dem Gedichte von Faust und dessen Vater erzählt wird, eifrig bemüht, durch alchymistische Experimente „die jungfräuliche Erde" oder wie es in unserer Stelle heisst „die junge Königin" d. i. den Stein der Weisen zu entdecken. Er selber hatte ferner, wie Faust, hierin vergeblich ein Heilmittel zu finden gehofft, das ihn von einer langwierigen Krankheit befreien sollte. Stellt er nun sich und seinen Vater als Ärzte dar,

---

*) S. Dichtung und Wahrheit, B. 8.

welche die Pestkranken zu heilen bemüht sind, so greift er damit auf die Volkssage zurück, wonach Faust sowohl als sein Vater während einer Epidemie eine ärztliche Thätigkeit ausgeübt haben. Dass es ihm hierbei aber nur um poëtische Ausschmückung seines eigenen Experimentierens zu thun gewesen ist, geht daraus hervor, dass er, seither über die Erfolglosigkeit desselben aufgeklärt, die magischen Heilkünstler im Gegensatz zur Sage als Schwindler erscheinen lässt.

Der Anregung, welche Göthe durch sein im Jahre 1770 betriebenes Studium des Giordano Bruno empfing,*) entstammen endlich die Verse gegen Ausgang der Scene von 721—730:

„O, dass kein Flügel mich vom Boden hebt . . ." bis „Vor den erstaunten Augen auf." Die genauen Anklänge der Stelle an des Philosophen Lehrgedicht „De Immenso" verraten, dass die erstere als ein direkter Ausfluss von Göthes Lektüre des letzteren zu betrachten ist.

Hatte sich uns die Scene**) nun schon den obigen Ausführungen zufolge als sachlich — die Gleichheit des Themas bewies es — mit dem Monolog zusammenhängend erwiesen, so ergeben die soeben angestellten

---

*) Dass Göthe damals mit diesem Philosophen beschäftigt war, weisst Brunnhofer im Göthe-Jahrbuch von 1886, S. 241, nach.

**) Der Schluss derselben von V. 773 an, welcher in keinerlei Zusammenhange mit dem im übrigen in der Scene gezeichneten realen Vorgange steht, ist erst später hinzugetreten.

chronologischen Schlussfolgerungen, dass sie sich an denselben auch zeitlich angeschlossen haben muss. Beide Teile gehören sonach ursprünglich einem und demselben Plane an, den wir als innerhalb der Jahre 1769—70 — auf diese wurden wir durch unsere Untersuchung hingeführt — vollendet zu betrachten haben. Schon hier nun tritt der rein realistische Charakter hervor, welchen die älteren Scenen des Gedichts überhaupt aufweisen. Statt nämlich von einer der Faustsage zu Grunde liegenden allgemeinen Idee aus den Gang des Dramas zu bestimmen, reiht der Dichter Akte aus seinem Leben aneinander. So hat er in der Spaziergangsscene eine selbsterlebte Situation benutzt, um die Flucht zur Natur, welche der Held im Monolog geplant hatte, in der Form einer Wanderung ins Freie ausgeführt erscheinen zu lassen. Dies muss der Gang des ältesten Planes' der Dichtung gewesen sein. In welcher Weise freilich der Übergang vom Monolog zu der Spaziergangsscene ursprünglich gebildet war, welche Kürzungen oder Erweiterungen die letztere nachträglich erfahren haben mag, lässt sich nicht mehr feststellen.

II.

§ 1. Die mit zwei Seelen verglichenen verschiedenen Richtungen, welche in des Dichters Brust vereinigt waren, kommen auch in dem übrigen schon im Fragment von 1790 enthaltenen Teile des Faust zum Ausdruck. Dieser nämlich zerfiel in zwei besondere

Komplexe, von denen der eine, welcher den idealen Zug des Helden erkennen lässt, die ersten Scenen bis zu dem Auftritt in Auerbachs Keller, der andere, den realen Trieb desselben darstellende die Gretchenscenen umfasste. Beide müssen nach der oben nachgewiesenen ersten Version der Dichtung, und zwar in derselben Periode bearbeitet worden sein. Um dies darzuthun, nehmen wir folgenden Ausgangspunkt.

Die Teile, welche sich im Fragmente vorfanden, waren — abgesehen von einzelnen Partieen, namentlich der „Hexenküche" sowie geringeren Bestandteilen der Scene „Wald und Höhle" und „Trüber Tag, Feld", welche, wie sich uns ergeben wird, erst seit Göthes Reise nach Italien vom Jahre 1788 gedichtet wurden -- grösstenteils bereits 1774 vollendet. Denn wir haben das ausdrückliche Zeugnis von Freunden des Dichters, dass ihnen fast alles, was im Fragment stand, schon damals aus des letzteren Manuscripten bekannt gewesen sei.*) Nur einzelnes und zwar vornehmlich zur Ergänzung und Ausstattung des Vorhandenen Bestimmte kann hiernach noch in der Folgezeit, und zwar, wie sich zeigen wird, im Jahre 1775 hinzugetreten sein. Nun geht ferner aus einem Briefe Göthes aus Rom vom 1. März 1788 hervor, dass die erste zusammenhängende Behandlung des Gedichtes, wie es jetzt vorliegt, schon im Jahre 1773 erfolgte.

---

*) S. Löper in Hempels Ausgabe von Göthe, Band 12, Seite 6.

Er schreibt nämlich darin — „Es ist etwas Anderes, das Gedicht jetzt oder vor 15 Jahren auszuschreiben," — Worte, welche die eigentliche Entstehungszeit des Faust in das bezeichnete Jahr verlegen. Hiermit stimmt eine andere Angabe des Dichters im Briefe an Zelter aus dem Jahre 1820 überein, wonach ein Hauptteil des Faust — und wir werden sehen, dass es der ganze ursprüngliche Kern desselben war — gleichzeitig mit dem Prometheus und Satyros, also 1773, geschaffen wurde. Wir haben somit anzunehmen, dass in den Jahren 1773—74 eine neue Bearbeitung des Gedichtes stattfand. Es wird nun unsere Aufgabe sein, den Gang, welchen Göthe hierbei eingeschlagen hat, zu verfolgen.

§ 2. Er knüpfte zunächst an den schon früher gedichteten Teil des ersten Monologs an. Denn die weiteren Verse desselben von 77 an, welche den Beschwörungsakt enthalten, müssen im Jahre 1773 entstanden sein. Die Bezeichnung „Makrokosmus" und „Erdgeist" für die hier vorgeführten magischen Geister scheint zwar in letzter Linie auf G. Bruno zurückzuführen zu sein,*) mit dem der Dichter bereits 1770 bekannt geworden war. Die Beschreibung aber, welche hier von denselben gegeben wird, ist offenbar dem Satyros entlehnt, mit dem nach Göthes Zeugnis ein

---

*) Schon hier steht dem Makrokosmus nicht der Mikrokosmus, sondern der Erdgeist gegenüber, welcher ähnlich gefasst wird, wie im Faust. S. Singer im Göthe-Jahrbuch von 1886, S. 279.

Teil des Faust gleichzeitig geschaffen wurde. Dies hat in bezug auf den Makrokosmus schon Scherer, „Aus Göthes Frühzeit," S. 73, nachgewiesen. Die Verse 94—101, worin das des Geistes Wesen wiederspiegelnde Zeichen dargestellt wird, sind nach Scherer der Kosmogonie des Satyros im vierten Akte nachgebildet. Aber auch bei der Schilderung des Erdgeistes scheint dem Dichter der „Geist der Erde" — so wird im fünften Akte jenes Dramas Satyros selber genannt —, welcher ebenfalls über das innerste Wesen der Natur Aufschlüsse zu erteilen vermag, vorgeschwebt zu haben. Endlich sind die Schlussverse des Monologs von V. 163—66 direkt einer Stelle aus dem Mahomet, woselbst der Held, ebenso wie Faust in unserem Gedichte, in seinen Betrachtungen durch die Dazwischenkunft der Dienerschaft gestört wird, nachgeschaffen. Schon Scherer, „Aus Göthes Frühzeit," S. 74, hat dies nachgewiesen und verlegt jene Verse deshalb mit dem Mahomet in dieselbe Entstehungszeit, nämlich in das Jahr 1773. Alle diese Anklänge, welche die den Beschwörungsakt enthaltende Partie des Monologs an damals verfasste Dichtungswerke aufweist, lassen darauf schliessen, dass die erstere mit den letzteren gleichzeitig geschaffen ist.

Auf die nämliche Entstehungszeit werden wir hingeführt, wenn wir auf den realen Vorgang in Göthes eigener Entwickelung zurückgehen, welcher der Hinwendung des Helden zum Erdgeiste im zweiten Teile der Beschwörungspartie zu Grunde liegt. Dieser besteht nach meiner Meinung in des Dichters Eintritt in die Sturm- und Drang-Periode. Um das näher darzulegen, müssen wir vorerst die Natur der Geister, welche im Gedichte berufen werden, zu ergründen suchen. Beide sind offenbar symbolische Gestalten und bedeuten zwei verschiedene den Dichter nach einander beschäftigende Ideen. Der Makrokosmus nun zunächst wird in den Versen 94—100 definiert:*)

„Wie alles sich zum Ganzen webt,
Eins in dem Andern wirkt und lebt!
Wie Himmelskräfte auf und nieder steigen
Und sich die goldenen Eimer reichen!
Mit segenduftenden Schwingen
Vom Himmel durch die Erde dringen,
Harmonisch all' das All durchdringen!"

Das, was der Dichter hier unter dem Bilde einer in der Natur lebenden und wirkenden Gottheit bezeichnen will, lässt er den Helden schon an einer früheren Stelle, nämlich Vers 29—30, direkt aussprechen:

„..... was die Welt
Im Innersten zusammenhält."

Es ist hiernach die philosophische Idee der Einheit und des Ineinandergreifens aller wirkenden Kräfte des

---

*) Dieselben schildern direkt zwar nur das Zeichen des Geistes. Dieses aber spiegelt das Wesen desselben wieder.

Weltalls, welche in der Form der Personifikation diesem Geiste zu Grunde liegt. Der Makrokosmus repräsentiert diese Idee aber nur, soweit sie Gegenstand der spekulativen Betrachtung ist. Nach dieser Seite nimmt sie der Dichter selber in den Worten V. 101:

„Welch' Schauspiel! aber ach! ein Schauspiel nur!"

Denn hieraus geht hervor, dass jene Einheit unter dem Bilde des Geistes dem Dichter nur nach ihrer erkenntnismässigen Äusserlichkeit vorschwebte. Wenn derselbe den Helden nun vermittels des symbolischen Beschwörungsaktes eine Annäherung an den so zu deutenden Makrokosmus suchen lässt, so stellt er damit im Anschluss an den Gang des Volksschauspiels, wonach gleichfalls das Streben Fausts zunächst auf Erkenntnis gerichtet erscheint, den Anlauf dar, welchen er selber genommen hatte, um zu einer spekulativen Erfassung des Wesens der Dinge durchzudringen.

Ebenso liegt der Hinwendung des Helden zum Erdgeiste — und hiermit weicht das Gedicht völlig von dem Volksstücke ab —, welche in dem zweiten Teile der Beschwörungsstelle erfolgt, ein realer Akt zu Grunde, welcher sich in Göthes eigener Entwicklung vollzogen hatte. Das Wesen dieses Geistes schildert der Dichter in den dessen Selbstdefinition enthaltenden Worten V. 148—56:

„In Lebensfluten, in Thatensturm
Wall' ich auf und ab,
Webe hin und her!

Geburt und Grab,
Ein ewiges Meer,
Ein wechselnd Weben,
Ein glühend Leben.
So schaff' ich am sausenden Webstuhl der Zeit
Und wirke der Gottheit lebendiges Kleid."

Hiernach ist es die Gesamtheit des Lebens und Schaffens in der Natur, was unter dem Bilde eines dem Weltall innewohnenden Geistes personificiert gedacht ist. Auch die Art der Annäherung, welche der Held an den so zu nehmenden Geist sucht, ist im Gedichte selbst bezeichnet, und zwar in den Worten V. 102:

„Wie fass' ich dich, unendliche Natur?"

Diese deuten an, dass Faust nicht, wie bei der Berufung des Makrokosmus, zu einer theoretischen Erfassung des lebendigen Urgrundes der Dinge, sondern zu einer praktischen Gemeinschaft mit dem letzteren gelangen will. Hier nun tritt der reale Vorgang in des Dichters Geistesentwicklung hervor, welcher unter dem symbolischen Akte einer Beschwörung des Erdgeistes dargestellt wird. Wenn Göthe nämlich den Helden eine Annäherung an die Universalität des Lebens und Schaffens, welche jener Gestalt zu Grunde liegt, suchen lässt, so schien ihm dies ein passendes Bild für die ihn selber beherrschende phantastisch-ideale Tendenz der Sturm- und Drang-Periode, welche gleichfalls die schöpferische Kraft der ganzen Natur, unmittelbar auf deren Urquellen zurückgreifend, umfassen zu können vermeinte.

Dass der Beschwörungsakt so zu deuten ist, vermögen wir wiederum aus dem Gedichte selbst zu entnehmen, nämlich aus den Stellen, wo Göthe den Helden das, was er durch jenen Akt zu erreichen hofft, ohne sich an das Bild einer Geisterbeschwörung zu binden, aussprechen lässt, wie V. 1417—21:

„Und was der ganzen Menschheit zugeteilt ist,
Will ich in meinem innern Selbst geniessen,
Mit meinem Geist das Höchst' und Tiefste greifen,
Ihr Wohl und Weh' auf meinen Busen häufen,
Und so mein eigen Selbst zu ihrem Selbst erweitern.." *)
Derselbe die Geistesrichtung der Sturm- und Drang-Periode bezeichnende Gedanke ist im Prometheus durchgeführt, einem dramatischen Entwurf, dessen Tendenz in den an die obigen Verse anklingenden Worten gipfelt: „Vermögt ihr mich auszudehnen, zu erweitern zu einer Welt?"

Die Beschwörungsscene bildet somit eine Parallele zu dem letzteren Drama, indem sie aus demselben Geist der Zeit des Stürmens und Drängens, welchem dieses entstammt, geschaffen wurde, und wir werden daher

---

*) Die andere Seite des Faustischen Strebens, welche Gemeinschaft mit dem physischen Erdenleben — auch dieses umfasst die symbolische Gestalt des Erdgeistes — sucht, tritt in den Versen (265—68) hervor:

„Ich, mehr als Cherub, dessen freie Kraft
Schon durch die Adern der Natur zu fliessen
Und, schaffend, Götterleben zu geniessen
Sich ahnungsvoll vermass..."

nicht zweifeln, dass die erstere mit dem letzteren gleichzeitig, also schon 1773, entstanden ist.

Auf dasselbe Entstehungsjahr weist es auch hin, wenn Göthe dem Beschwörungsakt, abweichend von dem Vorgange des Volksstückes, einen resultatlosen Verlauf giebt, insofern als er den Geist, welcher dem Helden erscheint, sich ihm wieder entziehen lässt. Der Dichter legt auch hier die Entwickelung zu Grunde, wie sie in seinem eigenen Geistesleben bis zum Jahre 1773, einer Zeit, wo er den Höhepunkt der Sturm- und Drang-Periode so weit überwunden hatte, um dieselbe poëtisch objektivieren zu können, vor sich gegangen war. Er musste nämlich erkannt haben, dass die Gesamtheit des Geisteslebens der Menschheit zu umfangreich sei, um von einem Busen umschlossen zu werden. Diesen Process nun stellt er an den symbolischen Beschwörungsakt anknüpfend unter dem Bilde einer Abweisung dar, welche der Held — und somit er selber — von seiten des jene Gesamtheit repräsentierenden Geistes erfährt.

§ 3. An den Anfangsmonolog muss sich, da die jetzt hierauf folgende Gesprächsscene die erst 1774—75 erschienenen theologischen Schriften Herders voraussetzt,*) nach der ursprünglichen Anordnung des Gedichts unmittelbar als Fortsetzung des ersteren der zweite Monolog**) angereiht haben. Derselbe ist zwar

---

*) Siehe oben S. 9.
**) Von V. 253: „Darf eine solche Menschenstimme.." an.

erst in der zweiten Auflage der Dichtung vom Jahre 1808 veröffentlicht worden, während im Fragment an seiner Stelle eine grosse Lücke eintrat. Es erklärt sich aber leicht, warum diese Partie aus dem letzteren weggelassen wurde. Es geschah dies nämlich, weil die Scene, worauf dieselbe überleitet, die zweite Scene im Studierzimmer, welche sich ebenfalls als im Jahre 1773 entstanden erweisen wird, ebenso wie jene zurückblieb. Dass die Partie nun in das bezeichnete Jahr verlegt werden muss, geht daraus hervor, dass im weiteren Verlaufe des Gedichtes, und zwar in der Scene „Wald und Höhle", welche schon in demselben Jahre geschaffen wurde,*) unzweifelhaft der hierin vorgeführte Selbstmordversuch des Helden vorausgesetzt wird. Denn die Worte daselbst**):

„Und wär' ich nicht, so wärst du schon
Von diesem Erdball abspaziert"

spielen direkt auf den V. 379—83 geschilderten Schritt des Helden zum Selbstmord an. Dasselbe beweisen die Anklänge einzelner Verse***) an andere Schriften Göthes aus dem Jahre 1773. So namentlich die Gleichheit des in V. 329—30 ausgesprochenen Gedankens:

„Was du ererbt von deinen Vätern hast,
Erwirb es, um es zu besitzen"

---

*) Siehe hierüber weiter unten.
**) V. 2917—18.
***) Schon der Uebergang vom ersten zum zweiten Monolog scheint einer Stelle aus dem 1773 entstandenen Mahomet nachgebildet. S. oben, S. 21.

mit demjenigen, welcher in den Worten des Prometheus liegt: „Wie viel ist denn dein?" — „Der Kreis, den meine Wirksamkeit erfüllt."

Im Zusammenhange des Dramas nun leitet der zweite Monolog zur Katastrophe über, indem er den Zustand der Vernichtung schildert, in welchen hier der Held durch die Zurückweisung von seiten des Erdgeistes versetzt erscheint. Auch dieser Theil des Gedichtes hat einen Akt aus Göthes Leben zur realen Grundlage, nämlich die verzweiflungsvolle Stimmung, in welcher derselbe sich seit der gegen Ausgang des Jahres 1772 erfolgten Rückkehr aus Wetzlar in seine Vaterstadt befand, nachdem er sich von der ihn zuvor beherrschenden Überschwänglichkeit der Sturm- und Drang-Periode, die durch sein Verhältnis zu Charlotte Buff aufs höchste gesteigert worden war, mit der Trennung von der letzteren jählings hinabgeschleudert fühlte, und welche ihn thatsächlich, wie es in dem Gedichte von dem Helden geschildert wird, dem Selbstmorde nahe brachte.*)

Eine direkte Beziehung auf den damaligen Gemütszustand Göthes finde ich in folgenden Stellen des Monologs. Zunächst lassen die Verse 281—86, welche den Helden als von der Thätigkeit des alltäglichen

---

*) S. seine an Kestner gerichteten Briefe aus jener Zeit bei Lewes, Göthes Leben, Bd. I, S. 231—37. Hierin schreibt er: „Meine arme Existenz starrt zum öden Fels ... Wenn ich kein Weib nehme oder mich erhänge, so sagt, ich habe das Leben recht lieb." Gleichzeitig spielte er, des Lebens überdrüssig, mit dem selbstmörderischen Dolche, s. Lew. a. a. O.

Lebens gefesselt darstellen, den Dichter selber erkennen, welcher sich jetzt zuerst einem bürgerlichen Berufe, der ihn auf die Dauer nur wenig befriedigenden Rechtspraxis, gewidmet hat. Auf den ihn gleichzeitig beschäftigenden Gedanken, statt des früheren himmelstürmenden Trachtens sich ein stilles Glück durch Gründung eines eigenen Herdes zu schaffen,*) gehen die V. 287—89, während die folgenden bis 298 seine selbstquälerische Stimmung wiederspiegeln, die ihn nicht zum ruhigen Genuss kommen lässt. Ihn selber führen — nach einer Stelle, welche nochmals auf das Verschwinden des Erdgeistes zurückgreift — die weiteren Verse von 303—22 als von demselben toten Material, den Büchern und alchymistischen Instrumenten, umgeben vor, welche er damals, in sein altes Studierzimmer im elterlichen Hause zurückgekehrt, um sich sah. Diese Verse haben die gleiche Situation des Dichters zum Gegenstande, wie die Verse 49—56 des ersten Monologs. Jedoch ist die Zeit eine verschiedene, auf welche die hier und dort gegebene Schilderung zurückgeht.

Eine unverkennbare Beziehung auf das Göthesche Leben endlich liegt auch in dem weiteren Gange des Gedichtes, wonach Mephistopheles den Helden, welcher sich zum äussersten Schritte anschickt, von demselben zurückhält. Wie es nämlich in Wirklichkeit der in jener Figur geschilderte Merck gewesen war, welcher

---

*) S. Lewes, ebendort.

den Dichter einem ähnlichen Schicksal wie dem Wertherschen entriss, indem er denselben aus seinem Wetzlarer Leben entführend zu einer gemeinsamen Rheinreise beredete, so greift hier Mephistopheles, und zwar nicht, wie es im Volksschauspiel geschieht, infolge einer Beschwörung, sondern als „deus ex machina" in das Leben des Helden ein. Hiermit leitet der Monolog direkt zu der die Dazwischenkunft des letzteren schildernden zweiten Scene im Studierzimmer über.*)

§ 4. Dies ist der Verlauf, welchen das Gedicht ursprünglich genommen haben muss. Der nach dem zweiten Monolog anhebende Ostergesang nämlich, welcher jetzt den Anlass bildet, um den Helden ins Leben zurückzurufen, ist nachträglich eingeschoben, wie schon daraus hervorgeht, dass die Verse am Ausgange der Gesprächsscene, welche auf das Osterfest und damit den Ostergesang selbst vorbereiten:**)

„Doch morgen, als am ersten Ostertage,
  Erlaubt mir ein' und andre Frage"

einen späteren Zusatz***) bilden, der sich erst in der neuen Auflage von 1808 findet. Dass es vielmehr Mephistopheles gewesen ist, der die Rolle des Lebensretters spielte, bezeugen ausdrücklich dessen schon citierte Worte in „Wald und Höhle"****):

---

*) Von V. 1177 an.
**) V. 245—46.
***) S. Löper, S. X.
****) V. 2917—18.

„Und wär' ich nicht, so wärst du schon
Von diesem Erdball abspaziert."

Nun ist zwar die Einführung des Mephistopheles in der uns vorliegenden Gestalt des Gedichtes durch die Beschwörung des magischen Pudels, welche in der ersten Scene im Studierzimmer vorgeführt ist, vermittelt. Wir wissen aber, dass die letztere erst kurz vor Erscheinen der neuen Auflage geschaffen ist. Demnach war das Auftreten jener Figur ursprünglich völlig unmotiviert gelassen, wie es die zweite Scene im Studierzimmer zeigt, und dieselbe muss sich mit diesem Akte unmittelbar an den Fausts Schritt zum Selbstmord enthaltenden Ausgang des Monologs angeschlossen haben, wie denn auch einzelne Anklänge der Scene an andere Schriften aus der Zeit, in welche wir den Monolog verlegt haben, beweisen, dass Göthe damals mit der ersteren beschäftigt war. So erinnern die Verse 1188—99:*)

„Damit du, losgebunden, frei,
Erfahrest, was das Leben sei"

an die Stelle aus Satyros: „Selig, wer .. ... ledig des Druckes, frei ... fühlt, was Leben sei!" So stimmt auch die Stelle V. 1478—81:

„Ich sag' es dir, ein Kerl, der spekuliert,
Ist wie ein Thier, auf dürrer Heide
Von einem bösen Geist herumgeführt,
Und rings herum liegt schöne, grüne Weide"

---

*) S. Waldeck im Göthe-Jahrbuch von 1886, S. 285.

bis auf den Wortlaut mit einer Recension Herders in den „Frankfurter Gelehrten Anzeigen" vom Okt. 1772 überein*). Dass endlich die Verse 1417—21: „Und was der ganzen Menschheit zugeteilt ist . . . ." denselben Gedanken aussprechen, wie eine Stelle aus dem Prometheus, haben wir schon oben S. 25 erwähnt. Freilich kann die Scene sich nur in ihrer ursprünglichen Gestalt an den von uns bisher verfolgten Plan angereiht haben. In der jetzigen Fassung enthält dieselbe Elemente, welche auf eine spätere Zeit hinweisen. Hierzu gehören zunächst die Verse 1218—81: „Und doch ist nie der Tod ein ganz willkommener Gast . . ." bis „Wollen sie dich locken." Die nachfolgenden Worte des Mephistopheles: „Hör' auf mit deinem Gram zu spielen . . ." passen dem Sinne nach nicht zu der bezeichneten Stelle, worin Faust alles, was die Welt an Genüssen bietet, als eitle Illusion verflucht, sondern nur zu den jener vorangehenden Versen**), wonach der Held sich dem selbstquälerischen Spiel der Phantasie hingiebt. Äusserlich verrät sich die Stelle als späteren Zusatz durch das Fehlen des Korrespondenz-Reimes zu „Gast". Denn der vorhergehende Versausgang „verhasst" bildet schon ein vollständiges Reimpaar mit dem Versauslaut „Gast". Nachträglich eingeschoben sein muss auch die ganze den Wortlaut der Wette umfassende Partie*), welche sich dem Gedanken nach

---

*) S. Scherer, Aus Göthes Frühzeit. S. 69.
**) 1200—17.

an den erst 1797 entstandenen Prolog anschliesst. In Verbindung mit dieser Stelle scheint auch noch eine andere eingeschaltet zu sein, nämlich die Verse*): „Wenn dir dies völlig G'nüge thut . . ." bis „Ist grade das, was ich verspreche." Dieselben zeigen sich als durch die Idee der Wette bedingt, da der Held sich hiernach, wie er es in den angegebenen Versen verheisst, zu rastlosem Jagen nach Genuss verpflichten muss, um dem höllischen Compaciscenten Gelegenheit zu bieten, ihn durch Befriedigung in Fesseln zu schlagen. Wiederum lässt sich die Einschiebung der Stelle an einer metrischen Unregelmässigkeit erkennen, welche beweist, dass dieselbe nur mechanisch an das Vorausgehende angefügt ist. Die auf „thut" und „bleiben" endigenden Verse**) nämlich haben keine korrespondierenden Reime, da die zunächst vorhergehenden für sich schon vollständige Reimpaare ausmachen.

Alle diese Stellen nun, welche infolge der Durchführung eines neuen Planes der Scene nachträglich zugesetzt wurden, finden sich in der ersten Hälfte derselben***), einem Abschnitte, welcher demgemäss in seiner jetzigen Verfassung in eine spätere Zeit zu verlegen ist, wie er denn auch in der älteren Fragmentausgabe fehlte. Dagegen enthält dieser Teil der Scene Spuren von einem ganz anderen Plane — und diesen halte ich

---

*) 1385—90.
**) 1485 u. 86.
***) Bis V. 1416.

für den ursprünglichen, schon 1773 behandelten —, demzufolge der Vertrag, welchen der Held mit dem höllischen Compaciscenten in betreff seiner Übergabe an diesen eingeht, nicht, wie dies jetzt in der Scene nach Aufnahme der neueren Elemente durchgeführt erscheint, an den Austrag einer Wette, sondern dem Gange des Volksstückes entsprechend lediglich an die Bedingung von dessen Dienstleistung auf Erden geknüpft war. Auf einen so lautenden Pakt, der an Stelle der das Wettbündnis verabredenden Worte näher dargelegt sein mochte, deuten schon die Worte des Mephistopheles*) hin:

„Ich will mich hier zu deinem Dienst verbinden,
Auf deinen Wink nicht rasten und nicht ruhn;
Wenn wir uns droben wiederfinden,
So sollst du mir das Gleiche thun,"

sowie auch die auf den Pakt zurückweisenden des Helden**):

„Ist's nicht genug, dass mein gesprochenes Wort
Auf ewig soll mit meinen Tagen schalten?"

Beide Stellen sehen von einer bei Vereinbarung der Wette gestellten Bedingung völlig ab. Den Abschluss eines dem Vorgange des Volksstückes gemäss den Helden seinem höllischen Compaciscenten unbedingt überliefernden Vertrages setzen endlich die weiteren Worte des letzteren***) voraus:

---
*) V. 1303—6.
**) V. 1365—66.
***) V. 1513—14.

„Und hätt' er sich auch nicht dem Teufel übergeben,
Er müsste doch zu Grunde gehn,"
während andererseits die Worte Fausts*):
„Und wie sie selbst" (will) „am End' auch ich zer-
scheitern"
dem Verlaufe eines dem Volksschauspiel folgenden
älteren, nicht demjenigen des durch die Idee der Wette
bedingten neueren Planes entsprechend eine Perspektive
auf einen tragischen Ausgang des Dramas eröffnen.
Freilich erscheint die Tendenz der Volkstragödie,
welcher Göthe sich hiermit im ganzen anschliesst, in
unserer Scene wesentlich durch den neuen derselben
zu Grunde gelegten Stoff modificiert. Der Dichter
hat es nämlich unternommen, auch hier in den Rahmen
der alten Volkssage das eigene Geistesleben kleidend,
unter dem Bilde eines Bündnisses zwischen Faust und
Mephistopheles das reale Verhältnis darzustellen, in
welchem er selber zu seinem Freunde Merck gestanden
hat. Denn auf die hier geschilderte Lebensgemeinschaft
spielt er offenbar an, wenn er später**) schreibt: „Wir
waren zusammen, wie Faust und Mephistopheles."
Jener ist es demzufolge, welchen der Dichter unter der
Figur des höllischen Genossen nicht bloss, wie gewöhn-
lich angenommen wird, nach einzelnen Zügen, sondern
nach seinem ganzen Wesen, wie es sich den ihm Nahe-
stehenden darbot, geschildert hat. Das bestätigt aus-

---

*) V. 1422.
**) Im Jahre 1831, s. Wagner, S. VII.

drücklich Jacobi, wenn er*) schreibt: „Wir pflegen ihn (Merck) so (Mephistopheles) zu nennen, weil Göthe, obgleich sein Freund, ihn unter diesem Namen im Faust geschildert hat." Nur auf ihn, den älteren Freund, der dem überschwänglichen Wesen des noch vom Geiste der Sturm- und Drang-Periode**) befangenen jüngeren Göthe restringierend entgegentrat, nicht auf den Teufel der Volkssage passen denn auch die wohlwollend-mahnenden Worte, welche Mephistopheles dem sich durch das unnütze Spiel seiner Phantasie selbst Qualen bereitenden Helden zuruft***):

„Hör' auf mit deinem Gram zu spielen,
Der, wie ein Geier, dir am Leben frisst!"

Den erziehenden Einfluss, welchen Merck auf den Freund ausübte, erkennen wir in den Versen****), welche Mephistopheles den aufbrausend-leidenschaftlichen Worten des Helden entgegenhält:

„Wie magst du deine Rednerei
Nur gleich so hitzig übertreiben?"

sowie in den dessen Ueberspanntheit dämpfenden Worten†):

„Euch ist kein Mass und Ziel gesetzt."

Ihm, dem Urbilde des Carlos im Clavigo, ist der realistische Zug zuzuweisen, welcher in den Versen††) des Pseudoteufels hervortritt:

---

*) In einem Briefe vom 25. Okt. 1779.
**) Diesen spricht der den Dichter selber repräsentierende Held V. 1417—21 und wiederholt in der Scene aus.
***) V. 1282 ff.
****) V. 1381 ff.
†) V. 1407.
††) 1422 ff.

„O glaube mir, der viele tausend Jahre
An dieser harten Speise kaut....
Glaub' unser Einem, dieses Ganze
Ist nur für einen Gott gemacht..."

Worte so gesunder Vernunft, wie sie der Dichter dem Mephistopheles hier und wiederholt in den Mund legt, werden uns nicht wundern, wenn wir bedenken, dass es der welterfahrene Merck ist, der sie unter der Maske desselben ausspricht. Ihm selber endlich gehört die derbe, fast cynische Ausdrucksweise an, welche überhaupt in dessen Freundeskreise nicht ungewohnt*), namentlich in V. 1469 entgegentritt. Seine Art endlich, beim Fluchen den Teufel im Munde zu führen, ist es, welche im Gedichte so häufig wiedergegeben wird.**) Auch specielle Ausdrücke, welche im Gedichte von Mephistopheles gebraucht werden, wie „Schelm" von seiten Gretchens in dem Verse***):

„Und halt' ihn für einen Schelm dazu!"

sind direkt auf Merck zu beziehen, von dem Güthe in seiner Schilderung in Dichtung und Wahrheit****) berichtet, dass er eine unüberwindliche Neigung empfand, ein Schalk und ein Schelm zu sein. Selbst in der Physiognomie, mit welcher der Dichter seinen Teufel

---

*) S. Wagner, Briefe von und an Merck, S. 48, wo ähnliche Worte zusammengestellt sind.
**) So heisst es ausser an anderen Orten in einem Briefe Mercks an Schleiermacher: „Der Teufel hole die ganze Poesie!" s. bei Wagner, S. 48.
***) 3129.
****) B. 12.

ausstattet, finden wir den charakteristischen Gesichtsausdruck Mercks wieder, der dessen Freunden auffiel. So giebt die Selbstcharakteristik des Mephistopheles in dem Verse*):

„Mein Mäskchen da weissagt verborgenen Sinn"
das tückisch Lauernde wieder, welches in dem Mienenspiel Mercks lag.**) So zeichnen die Worte, mit welchen Gretchen die Physiognomie des Mephistopheles schildert:

„Kommt er einmal zur Thür herein,
Sieht er immer so spöttisch drein,
Und halb ergrimmt;
Man sieht, dass er an nichts keinen Anteil nimmt,"

geradezu den Schein diabolischer Bosheit, welcher in den Gesichtszügen von Göthes Freunde ausgeprägt war***). Das unverkennbar diabolische Element, welches nach allem Diesen in Mercks Wesen lag, war der Anlass für Göthe, der ihn oft mit Mephistopheles verglichen hat, denselben in seinem Gedichte direkt als den leibhaftigen Teufel darzustellen.

Durch den Charakter des in unserer Scene dramatisierten Verkehrs Göthes mit dem Darmstädter Freunde ist denn auch die Tendenz des Verführungsplanes bestimmt, welchen der so zu deutende Mephistopheles

---

*) 3284.
**) S. Lavaters Physiognomik. Bd. I, S. 250: „Seine Stirn zeigt Verschlossenheit." Göthe spricht in Dichtung und Wahrheit geradezu von einem tigerartigen Ausdruck, den seine Augen gehabt hätten.
***) S. Werthes, Brief vom Okt. 1774 im Göthe-Jahrbuch von 1886, S. 207: „Als hätte der gehörnte und geschwänzte Satan selber ihm das Zeichen der Schurkenschaft mitten in die Stirn geschnitten."

dem Helden gegenüber nach den Worten desselben*):
„Den schlepp' ich durch das wilde Leben,
Durch flache Unbedeutendheit ..."
zu verfolgen hat. Hier tritt es deutlich hervor, dass Göthe in seinem Gedichte gar keinen Verführungsplan im Sinne der Volkssage, sondern unter dem Bilde eines solchen die restringierende Einwirkung darstellen wollte, welche der ältere, realistisch-gesinnte Merck auf den jüngeren, zur Überschwänglichkeit geneigten Freund ausgeübt hat. Jener erscheint hiernach nämlich als der negative, allem höheren Geistesfluge feindliche Dämon, welcher die ideale Richtung des Dichters auf das Niveau der phantasielosen Wirklichkeit herabzuziehen und so ihn selber gleichsam zu vernichten trachtet. Diese Absicht lässt Göthe den Pseudo-Mephistopheles, welcher hiermit in ein humoristisches Licht gestellt wird, direkt in den angeführten Versen aussprechen, deren symbolischer Charakter nicht zu verkennen ist.

Das Gespräch mit dem Schüler, welches den Schluss der Scene bildet, scheint in dem Gedichte, das sich, so weit wir es bisher verfolgen konnten, an den Plan des Volksschauspieles anlehnt, an die Stelle der in letzterem vorkommenden Disputationen zwischen Faust und Mephistopheles getreten zu sein. Göthe hat das Motiv vielleicht dazu benutzt, um in Form eines Zwiegesprächs des Teufels mit dem Schüler, einer Figur,

---

*) V. 1507—14.

die nur zu diesem Zwecke eingeführt sein dürfte, einen speciellen Zug aus dem Wesen des Freundes dramatisch zu gestalten, nämlich die durchaus negative Richtung, welche jener, wie sie überhaupt in seiner Natur lag*), nach der Schilderung in Dichtung und Wahrheit insbesondere in litterarischer Hinsicht bethätigte. Der rein realistische Charakter, welcher nach unsern bisherigen Ausführungen der Scene zu Grunde liegt, scheint die Veranlassung gewesen zu sein, weshalb Göthe bei der Veröffentlichung der ersten fragmentarischen Ausgabe von 1790 den vorzugsweise diese Haltung zeigenden Anfang derselben bei Seite liess**). Es war offenbar die Rücksicht auf den damals noch lebenden Freund, der sich hierin förmlich an den Pranger gestellt sehen musste, von welcher der Dichter sich leiten liess***). Vermutlich war der 1773 behandelte Plan — und zu diesem muss unsere Scene gerechnet werden, da Göthe hierin, wenn überhaupt in seinen Dichtungen, gleichzeitig Erlebtes niedergelegt hat — ursprünglich mehr humoristisch als tragisch-ernst gedacht†) und nur für den engeren Freundeskreis be-

---

*) „Er hatte eine entschieden negative Richtung" urteilt Göthe von ihm noch im Jahre 1831, s. Wagner, S. VII.
**) Bis zu dem Verse 1417:
„Und was der ganzen Menschheit zugeteilt ist ..."
Schon der Beginn desselben mitten im Satze verrät, dass hier Teile absichtlich weggelassen wurden.
***) Auch der Satyros wurde wegen der darin enthaltenen persönlichen Anspielungen erst 40 Jahre nach seiner Entstehung veröffentlicht.
†) Die ideale Tendenz, welche jetzt dem Gedichte innewohnt, wurde demselben erst nachträglich mit Schöpfung des Prologs zu Grunde gelegt.

stimmt, dem der Dichter die fertigen Teile vorzulesen pflegte.

§ 6. Dem bisher verfolgten Plane schliesst sich auch die Scene „In Auerbachs Keller" an, indem sie die im Vorhergehenden zwischen Faust und Mephistopheles verabredete gemeinschaftliche Weltfahrt dadurch zur Ausführung bringt, dass hier der Held ein Stück des lustigen Weltlebens zu kosten bekommt. Eine Anspielung auf ein bestimmtes Erlebnis des Dichters aus dem Jahre 1775, welche sich in dem ersten Auftritte der Scene, der „Zeche lustiger Gesellen" findet, scheint zwar darzuthun, dass die letztere ganz und gar erst in diesem Jahre verfasst sei. Damals nämlich litt Güthe an einem wegen der Unentschiedenheit ihn peinigenden Liebesverhältnis zu Elisabeth Schönemann aus Frankfurt. Dasselbe konnte weder, wegen im Wege stehender äusserer Schwierigkeiten, zu einer dauernden Verbindung führen, noch auch sofort gelöst werden, und der Dichter wusste deshalb thatsächlich nicht: wo aus? noch: wo ein? Nun schreibt er in einem Briefe an die Gräfin Stolberg*), dass er eine neue Scene von seinem Faust gemacht habe und dass ihm zu Mute sei, wie einer Ratte, die Gift gefressen habe. „Sie läuft in alle Löcher, schlürft alle Feuchtigkeit, verschlingt alles Essbare, das ihr in den Weg kommt; und ihr Innerstes glüht von unauslöschlich ver-

---

*) Vom 17. Sept. 1775. S. Löper, S. VI.

derblichem Feuer." Wir werden bei diesen Worten sogleich an das Rattenlied in unserer Scene erinnert, welches augenscheinlich dieselbe war, von deren Abfassung Göthe in dem Briefe schreibt. Der Dichter griff damals zu dem Mittel, durch das er sich auch sonst von etwas Beunruhigendem zu befreien wusste, indem er nämlich seinen eigenen unerquicklichen Zustand zum Gegenstande einer poëtischen Darstellung machte. In dem Schmerze, welcher den von seiner Liebsten hintergangenen Siebel — dieser wird in dem Liede unter dem Bilde der giftgeschwollenen Ratte verspottet — plagt, parodiert Göthe so das eigene Liebesweh, welches er gleichzeitig empfand. Er selber erblickte, wie der getäuschte Siebel in der durch Giftgenuss geängsteten Ratte

„sein ganz natürlich Ebenbild."

Muss die Scene aber auch in ihrer Verbindung mit der symbolischen Episode des Rattenliedes in das Jahr 1775 verlegt werden, so ist es mir doch nicht glaublich, dass der Dichter damals, etwa um das eine Motiv unterzubringen, die ganze weitläufige Scene geschaffen habe. Nun weist bereits Scherer[*]) darauf hin, dass der hinkende Mephistopheles, welcher in der Scene[**]) auftritt, an den hinkenden Waldteufel des Satyros erinnert, und wir werden schon wegen dieses Anklanges geneigt sein, die erstere als in der gleichen Zeit mit

---

[*]) Aus Göthes Frühzeit, S. 69.
[*]) V. 1832.

dem letzteren entstanden zu denken. Und in dieser
Annahme werden wir dadurch bestärkt, dass der Dichter
auch in dieser Scene einen realen Akt aus der Zeit
seines Verkehrs mit Merck*) darzustellen und sonach
hierin den im Jahre 1773 aufgenommenen Plan direkt
fortzusetzen scheint. Und zwar ist es die Zeit von
des Dichters Aufenthalt in Wetzlar, an welche die
Scene einzelne Anklänge aufweist.

Nirgends vorher hatte derselbe so ausgelassene
Gesellschaft kennen gelernt, als in dem Kreise seiner
mit ihm am Reichskammergericht arbeitenden Kollegen,
deren possenhaftes Treiben er ausführlich beschreibt**).
Die Wirtshaustafel, an welcher man gemeinschaftlich
speiste, war zu einem Ritterbunde, mit einem Heer-
meister an der Spitze, organisiert. Dem entspricht es
nun, wenn in unserer Scene Brander vor Beginn des
Zechens den Vorschlag macht, ein Oberhaupt zu er-
wählen. Jedem der Tischgenossen war ferner, wie
offenbar auch in dem Gedichte, ein Spitzname zugeteilt.
Wer weiss, ob nicht manche von den Spitznamen, welche
die Zecher in dem letzteren führen, der Wetzlarer
Tischgenossenschaft entlehnt sind? Politische Gespräche

---

*) Schon Wieland wollte, nach Scherer, Aus Göthes Früh-
zeit, S. 120, wissen, dass in der Scene Merck-Göthesche Erlebnisse geschildert seien. Dass Göthe hierin nur einfach
den alten Sagenstoff aufgenommen hätte, widerspricht seinem
im übrigen beobachteten Verfahren und ist daher schon von
vornherein unwahrscheinlich.

**) Dichtung und Wahrheit, B. 12.

waren dort wie in dem Kreise der Zecher im Gedichte verpönt, wo Brander singt:

„Ein garstig Lied! pfui! ein politisch Lied!"

Vor allem dem Eindruck, welchen Göthe bei seinen Arbeiten am Reichskammergericht von dem zerrütteten Zustande des deutschen Reiches empfing, entspricht es, wenn er in der Scene Frosch anheben lässt:

„Das liebe, heil'ge, Römische Reich,
Wie hält's nur noch zusammen?"

Wie käme diese politische Anspielung, die sich offenbar nicht auf die Zeit der Faustsage, sondern auf die des vorigen Jahrhunderts bezieht, mitten in das Gespräch der trinkenden Gesellen, wenn diese nicht den Kreis der Wetzlarer Politiker vom Reichskammergericht repräsentierten? Endlich auch das Fehlen der Figur des Mephistopheles, das freilich zugleich durch die hier vorgeführte Situation bedingt sein mochte, scheint auf die Zeit von des Dichters Wetzlarer Leben hinzudeuten, wo derselbe dem Verkehr mit dem unter jener Gestalt geschilderten Darmstädter Freunde zeitweilig ferner gerückt war.

Wenn Göthe nun hiernach in der Scene wiederum einen selbsterlebten Stoff hat darstellen wollen, so dürfte dieselbe mit Ausnahme des später hinzugefügten Rattenliedes in das Jahr 1773, wo ihm die hier zu Grunde gelegten Wetzlarer Erlebnisse noch frisch vor der Seele standen[*]), und wo er, wie wir wissen, mit seinem Ge-

---

[*]) Bis zum Herbst 1772 war er am Reichskammergericht thätig gewesen.

dichte beschäftigt war, zu verlegen sein. Und zwar bezieht sich dies sowohl auf den ersten, als auch auf den zweiten Teil der Scene. Denn wenn auch die in dem letzteren vorgeführten Zauberkünste*) direkt der Volkssage entlehnt und nur zur Ausstattung des Stückes zu dienen bestimmt sind, so scheint der Dichter doch auch in diesem den in der Scene im Studierzimmer eingeleiteten Plan durchzuführen, insofern als er hier wie in der letzteren das Wesen seines Freundes Merck unter der Maske des Mephistopheles zeichnen wollte. Denn die jenem eigentümliche sarkastische Art tritt überall hervor, zunächst in den Worten, womit er die Anrede der Zecher erwidert**), sodann in dem Liede auf des Königs Floh, dem Urbilde aller Parasiten, und endlich in dem Zauberakte, womit Mephistopheles die ganze Gesellschaft mystificiert, wie denn überhaupt die Neigung zur Intrigue, welche den Grundzug des hier vorgeführten Teufels bildet, in dem Charakter Mercks in deutlich hervortretender Weise ausgeprägt war***).

III.

§ 1. Der andere Komplex der Dichtung, welcher ebenfalls schon 1774 im wesentlichen vollendet gewesen

---

*) Dieselben werden hier dem Mephistopheles zugeteilt, während sie in dem Volksschauspiel dem Schwarzkünstler Faust zufallen.
**) V. 1839—42.
***) S. **Dichtung und Wahrheit, B. 12.**

sein muss*), umfasst die Gretchenscenen. Nun macht Singer**) auf die Ähnlichkeit der in diesen dargestellten Liebesgeschichte mit der Liebschaft eines Studenten Apion, welche sich im Pfitzerschen Faustbuche findet, aufmerksam und behauptet, dass in der letzteren die Quelle für die Gretchentragödie zu suchen sei. Indessen scheint mir Göthe auch hier, dem im übrigen in den älteren Teilen des Faust hervortretenden Verfahren zufolge, einen selbsterlebten Stoff behandelt zu haben. Es ist nämlich die Jugendliebe des Dichters zu dem in Dichtung und Wahrheit***) geschilderten Gretchen aus Frankfurt, welche die reale Grundlage für den vorliegenden Teil des Stückes gebildet haben dürfte. Dies bezeugen schon Göthes eigene Worte in der später verfassten „Zueignung"†):

„Ihr bringt mit euch die Bilder froher Tage,
Und manche lieben Schatten steigen auf;
Gleich einer alten, halbverklungnen Sage,
Kommt erste Lieb' und Freundschaft mit herauf."

---

*) Dass derselbe wie der erste Abschnitt nicht vor 1773 in Angriff genommen wurde, scheint der Umstand zu beweisen, dass Göthe damals zuerst, wie auch hier geschieht, die Gestalt des Mephistopheles-Merck in sein Gedicht aufgenommen hat. Dies folgt auch daraus, dass in der Scene „Wald und Höhle", welche die älteren Teile der Gretchentragödie abschliesst, in der die Verse 2992—93:
„Was ist die Himmelsfreud' in ihren Armen!
Lass' mich an ihrer Brust erwarmen!"
deutlich an die Verse des Satyros anklingen:
„Hab' alles Glück der Welt im Arm
So liebehimmelswonnewarm!"
(s. Waldeck im Göthe-Jahrbuch von 86, S. 286) und deshalb mit diesem Drama zugleich gedichtet zu sein scheint.
**) Im Göthe-Jahrbuch von 86, S. 278.
***) B. 6.
†) V. 9—12.

Dass nämlich die hier genannte „erste Liebe" auf Göthes Frankfurter Jugendgeliebte zu deuten ist, geht aus den Versen*) von „Wald und Höhle" hervor: „Sie steht am Fenster, sieht die Wolken ziehn über die alte Stadtmauer hin." Es ist nämlich offenbar die aus der Beschreibung in Dichtung und Wahrheit wohlbekannte alte Stadtmauer von Göthes Vaterstadt, hinter welcher der in der Figur des Helden sich selber darstellende Dichter das Frankfurter Mädchen in der hier gemalten Situation weilend dachte**).

Die einzelnen Akte aus der Geschichte seiner Jugendliebe sind es nun, welche der Dichter den älteren der Gretchens Bild darbietenden Scenen zu Grunde gelegt hat.

So entspricht gleich die erste Scene, die Begegnung auf der Strasse, dem wirklichen Zusammentreffen des jungen Göthe mit dem Frankfurter Mädchen. Dieses kam, wie Gretchen im Gedichte, aus der Kirche***), als Göthe, der es zuvor nur einmal flüchtig erblickt hatte, den ersten Annäherungsversuch machte. Freilich war die Begegnung in Wirklichkeit von ihm absichtlich herbeigeführt, während dieselbe in der Scene als zufälliges Ereignis erscheint. Dagegen war das Gretchen der Götheschen Liebesgeschichte, ebenso wie dasjenige

---
*) 2963—64.
**) S. hierüber weiter unten.
***) S. Dichtung und Wahrheit, B. 6.

des Gedichtes zuvor in der Kirche beobachtet worden, nur dass bei dem wirklichen Begebnis der Liebhaber selber es ist, der den Gottesdienst aufgesucht hatte, um sich an dem Mädchen satt zu sehen, in dem Gedichte aber Mephistopheles sich spionierend hinter dessen Stuhl geschlichen hat. Der sinnliche Charakter des Liebesverhältnisses, welcher demselben in Wirklichkeit fern gewesen zu sein scheint, sich jedoch in den älteren Scenen auch nur auf seiten des Helden findet, erklärt sich aus der Länge der Zeit, welche zwischen dem realen Vorgange und dessen Dramatisierung im Gedichte verstrichen war. Wie indes Faust in der Scene von Mephistopheles ein Halstuch oder Strumpfband als sinnliches Substrat seiner Liebesgefühle begehrt, so bewahrte Göthe thatsächlich ein Blatt mit der Unterschrift der Freundin als heiliges Liebesunterpfand. Ein Anklang an die wirkliche Liebesgeschichte mag auch darin gefunden werden, dass der Dichter den Helden Gretchens Zuneigung durch Geschenke zu gewinnen suchen lässt. Auch Göthe hatte — er schreibt dies in einem Briefe aus dem Jahre 1768*) von einer gewissen W., die aber wahrscheinlich mit dem Frankfurter Gretchen identisch ist — die Gunst seiner Geliebten durch mancherlei Zuwendungen erkauft. Der Zug der Begehrlichkeit, welcher dem Mädchen in jenem Briefe vorgeworfen wird, erscheint in dem Gedichte jedoch

---

*) S. Hirzel, „Der junge Göthe", Bd. I, S. 19.

dadurch gemildert, dass dasselbe die Geschenke von
unbekannter Hand empfängt.

Der folgende Auftritt „Gretchens Zimmer" erinnert
ebenfalls an ein Vorkommnis aus der Zeit von Göthes
Liebschaft. Er selber war einst, in der Absicht, seine
Freunde zu besuchen, in das Haus von Gretchens Mutter
kommend, allein in das bescheidene Zimmer des Mädchens eingetreten und hatte dort, denselben Liebesgefühlen hingegeben, geweilt, wie Faust in der Scene.
Die Situation, in welcher er damals die Geliebte angetroffen hatte, war die in einer späteren Scene, „Gretchens Stube"*), vorgeführte. Auch das wirkliche Gretchen sass spinnend am Fenster, wie das fingierte dort
geschildert wird. So hat auch die Scene „Der Nachbarin Haus" einen Akt aus des Dichters Liebesgeschichte
zum Gegenstand. Der junge Liebhaber ist es selber,
der einst die Geliebte in einem auswärtigen Hause mit
einem fremden Schmucke angethan getroffen hatte, wie
Mephistopheles Gretchen hier in dem Gedichte. Jene
pflegte nämlich, um ihrem Erwerbe nachzugehen, einen
Putzladen aufzusuchen, wo sie einen erborgten Schmuck
anlegte, den sie beim Heimgange zurücklassen musste.
Der Dichter benutzt nun diesen Vorgang in echt künstlerischer Weise, um das Gretchen im Faust mit dem
Zuge einer dem Mädchen natürlichen Eitelkeit auszustatten, die es treibt, das ihm zugewandte köstliche
Geschmeide heimlich im Hause der Nachbarin anzuthun.

---
*) V. 3020 ff.

Anklänge an das wirkliche Liebesverhältnis enthält endlich auch die erste Scene in Marthens Garten*). Gretchens in Dichtung und Wahrheit geschilderte Einfachheit und treues Walten im Hause seiner Mutter sind hier poëtisch ausgeschmückt, Züge, welche durch den Kontrast zu Marthers Falschheit und Selbstsucht in ein noch helleres Licht gerückt werden. Der Schluss der Scene, „Ein Gartenhäuschen", bringt zur Charakteristik des Mädchens einen neuen, dem wirklichen Gretchen entlehnten Zug bei, nämlich die demselben eigene Lernbegierde, welche in den Versen**) hervortritt:

„Beschämt nur steh' ich vor ihm da
Und sag' zu allen Sachen: ja ..."

Göthe selber erzählt von seiner Geliebten, wie sie, der Überlegenheit des besser unterrichteten Jünglings sich willig fügend, eifrig dessen Unterweisungen zu lauschen pflegte.

§ 2. Die bisher berührten Scenen, welche durch die dazwischen gestreuten mit einander in Verbindung gebracht werden, schildern den unmittelbaren Verkehr des Dichters mit dem Frankfurter Mädchen. Gewissermassen als ein Nachspiel reiht sich hieran die Scene „Wald und Höhle" an, welche den Liebenden in seiner Trennung von der Geliebten vorführt. Denn auf die letztere deuten direkt die schon oben citierten Verse hin:

„Sie steht am Fenster, sieht die Wolken ziehn
Über die alte Stadtmauer hin."

---
*) V. 2520 ff.
**) 2861—62.

Auch diese Scene hat die Geschichte der Götheschen Liebschaft zum realen Hintergrunde, da sie den Ablauf darstellt, welchen jene wirklich genommen hatte. Hiermit greift dieselbe auf eine schon früher gedichtete Scene, nämlich die des Spazierganges vor dem Thore, zurück. Göthe scheint nämlich bei der neuen Bearbeitung, welche das Drama 1773*) erfuhr, damit umgegangen zu sein, die geeigneten Elemente des zuerst behandelten Planes in dasselbe zu verweben. Hatte er nun die Eingangsverse des letzteren schon mit dem Anfangsmonolog des neuen Planes verbunden, so sind es die den jugendlichen Dichter an seinem einsamen Waldesorte schildernden Verse der Scene „Vor dem Thore"**), welche jetzt zu einer besonderen, eben der vorliegenden, Scene umgeschaffen wurden.

Die letztere***) hat nämlich den gleichen, schon oben bezeichneten Akt aus Göthes Leben zum Gegenstande, wie die Spaziergangsscene. Wir finden zunächst in V. 1919—23 denselben höhlenartigen Waldesort geschildert, an welchem der junge Göthe nach V. 669 des „Spazierganges" weilend gedacht werden musste†). Auch der den Dichter selber darstellende Held erscheint

---

*) In dieses Jahr mussten wir schon oben die Scene „Wald und Höhle" wegen des Anklanges der V. 2992—93 an eine Stelle des Satyros verlegen.
**) Ein anderes dieser Scene entnommenes Element ist in dem „Gespräch Fausts und Wagners" benutzt, s. oben S. 9.
***) Nach ihrer ursprünglichen Gestalt. Die den Monolog an den Erdgeist enthaltenden Anfangsverse, sowie die Stellen von V. 2937—49 und 2971—78 sind, wie unten nachzuweisen sein wird, erst später, nämlich im Jahre 1788 hin zugedichtet.
†) Vgl. oben S. 12 ff.

in „Wald und Höhle" in der gleichen Situation, wie in der ersteren Scene, nämlich getrennt von der Geliebten und einsam seiner Naturschwärmerei nachhängend. Ebenso ist auch der dem Helden in der vorliegenden Scene zur Seite stehende Begleiter identisch mit dem als „Wagner" bezeichneten in der Spaziergangsscene. Denn auch in jener tritt derselbe dem überschwänglichen Gefühlsleben Fausts entgegen, indem er ihn vom „Kribskrabs der Imagination"*) abzuziehen sucht. Nur ist in der späteren, durch Göthes Verkehr mit Merck bestimmten Dichtungsperiode, welcher unsere Scene zugewiesen werden muss, aus einem „Wagner" ein „Mephistopheles" geworden.

Ein Beweis aber dafür, dass der Dichter bei der Abfassung unserer Scene direkt aus der Spaziergangsscene, welche nun vorläufig aus dem Zusammenhange des Stückes wegblieb, geschöpft hat, liegt darin, dass die hieraus abgeleiteten Teile der Scene sich deutlich von den neu hinzugetretenen abheben. Schon Scherer**) macht auf den Unterschied des Stils aufmerksam, welchen die Verse 2951—69, und die hierauf folgenden bis zum Schluss der Scene erkennen lassen. Die poëtische Auffassung von der Situation namentlich, in welcher Gretchen hier und dort vorgestellt wird, ist eine verschiedene da dieselbe einmal einen realistischen, das andere Mal einen idealistischen Charakter trägt. In den Versen,

---
*) V. 2915.
**) Aus Göthes Frühzeit, S. 106.

welche sich an die entsprechenden Teile des „Spaziergangeses" anlehnen, schwebt dem Dichter das Mädchen, der Wirklichkeit entsprechend, als hinter der Stadtmauer Frankfurts weilend vor. In denjenigen, welche als neu hinzugedichtet zu betrachten sind, wird es als „im Hüttchen auf dem kleinen Alpenfeld"*) befindlich gedacht. Mag nun auch der letztere Ausdruck als Bild zu fassen sein, das die friedliche Lage des Mädchens bezeichnen soll, ebenso wie der zuvor erwähnte „Wassersturz" bildlich für den einherstürmenden Helden zu verstehen ist, so bleibt doch die Verschiedenheit der poëtischen Auffassung eines und desselben Objekts bestehen. Auch die leidenschaftlich-glühende Sprache dieser Verse, aus welcher jene bildlichen Ausdrücke hervorgegangen sind, steht im Gegensatz zu der ruhigeren der andern. In den ersteren spricht offenbar der unter dem Einflusse des Geistes der Sturm- und Drang-Periode stehende Dichter, wie er sich schon in der Scene „Im Studierzimmer" verriet. Schon Scherer**) hat denn auch die Verwandtschaft zwischen dem Redner unserer und demjenigen jener Scene erkannt und scheint daraus ein zeitliches Zusammenfallen beider folgern zu wollen. Bis hierher mag somit derjenige Teil des Gedichtes gereicht haben, den Göthe selber in dem angeführten Briefe aus Italien in das Jahr 1773 verlegt, und bei dessen Anblick er sich — nach eben diesem

---
*) Nach V. 3000.
**) Aus Göthes Frühzeit, S. 106.

Briefe — in eine selbsterlebte Vorzeit zurückversetzt fühlt. Hiermit endigt denn auch der eigentliche — realistisch gehaltene — Kern des Faust. Die ferneren Teile schliessen sich daran an, um das Werk im idealistischen Sinne auszubauen.

§ 3. Mit der Trennung des Liebhabers von der Geliebten, wie sie die Scene „Wald und Höhle" voraussetzt, hatte die Liebesgeschichte des Dichters ihren Abschluss gefunden. Dementsprechend bricht mit dieser Scene derjenige Teil der Gretchentragödie, welcher reale Begebenheiten aus jener zum Gegenstande hat, ab. Zugleich tritt von hier an eine Wendung in der Haltung des Gedichtes ein, welche darin begründet ist, dass der Stoff derselben fortan im Gegensatz zu den vorhergehenden Scenen, denjenigen, welche den ursprünglichen, realistischen Kern der Gretchentragödie ausmachen, ein auf Erfindung beruhender ist. Während nämlich das Gretchen der älteren Scenen — so noch in der ersten Scene in Marthens Garten — in Übereinstimmung mit dem wirklichen, das nach Göthes Schilderung in Dichtung und Wahrheit stets in den Schranken der Ehrbarkeit beharrte, den Helden von grösserer Annäherung fernhält, so bietet es sich in der die nächste Zusammenkunft zeigenden zweiten Gartenscene[*]) von selber ihm an. Äusserlich tritt der veränderte Charakter in der Haltung der Scenen vor und

---

[*]) V. 3052—3.

nach „Wald und Höhle" in dem verschiedenen, hier und dort gebrauchten Vornamen des Helden hervor. Derselbe lautet im „Zimmer Gretchens"*) Göthes eigenem verkürzten Vornamen entsprechend „Hans", als Abkürzung des in der Faustsage üblichen „Johann". In der eine veränderte Haltung zuerst zeigenden zweiten Gartenscene**), sowie da, wo der Vorname noch ferner vorkommt***), heisst er „Heinrich". Der Dichter, welcher in dem ersten Teile der Tragödie sein eigenes Erlebnis schildern wollte, scheint sich hier selber mit seinem im Freundeskreise gewohnten verkürzten Namen zu erkennen zu geben. War dies der Fall, so wird es nicht wundern, dass er in den späteren Scenen, welchen keine realen Beziehungen auf sein Liebesverhältnis zu Grunde liegen, diesen Namen vermied und dem Helden einen andern beilegte, welcher von dem in der Faustsage gebräuchlichen abweicht.

Die bezeichnete Wendung scheint Göthe seinem Gedichte im Jahre 1774 gegeben zu haben. Diejenige Scene nämlich, welche diese Wendung zuerst erkennen lässt, die zweite Scene in Marthens Garten, ist, wie aus bestimmten Spuren geschlossen werden kann, in dem genannten Jahre geschaffen worden. Dies bezeugen die fast wörtlichen Anklänge, welche das in der Scene enthaltene Religionsgespräch an einen in

---

*) V. 2374.
**) V. 3147.
***) In der Kerkerscene, V. 4247 und 4251.

jenem Jahre verfassten Brief Göthes an Pfenninger*) aufweist, welcher des Dichters damals aus seiner Beschäftigung mit Spinoza gewonnenes rationalistisches Glaubensbekenntnis darlegt. Wir stellen die betreffenden Stellen des Gedichtes und des Briefes einander gegenüber:

In dem ersteren lautet die Argumentation, dass Gott sei**):

„Der Allumfasser,
Der Allerhalter,
Fasst und erhält er nicht
Dich, mich, sich selbst?...
Schau' ich nicht Aug' ins Auge dir?
Und drängt nicht alles
Nach Haupt und Herzen dir?"

Fast ebenso in dem Briefe: „Und dass du mich immer mit Zeugnissen packen willst! Wozu die? Brauch' ich Zeugnis, dass ich bin? Zeugnis, dass ich fühle?"

In dem Gedichte heisst es weiter:

„Erfüll' davon dein Herz, so gross es ist,
Und wenn du ganz in dem Gefühle selig bist,
Nenn' es dann, wie du willst,
Nenn's Glück! Herz! Liebe! Gott!
Ich habe keinen Namen
Dafür! Gefühl ist alles."

---

*) Einen Freund Lavaters, s. Lewes, Bd. I, S. 285–86.
**) 3185 ff.

Ähnlich in dem Briefe: „Nur so schätze, liebe, bet' ich die Zeugnisse an, die mir darlegen, wie Tausende oder Einer vor mir das **gefühlt haben**, das mich kräftiget und stärkt ... Im einzelnen sentierst du kräftig und herrlich; das Ganze ging in Euren Kopf so wenig als in meinen."

Und endlich die Verse:
„Es sagen's aller Orten
Alle Herzen unter dem himmlischen Tage,
Jedes in seiner Sprache;
Warum nicht ich in der meinen?"

besagen nichts Anderes als die Worte des Briefes: „Ich bin vielleicht ein Thor, dass ich Euch nicht den Gefallen thue, mich mit Euren Worten auszudrücken ... dass ich ein Mensch bin und daher nichts Anderes sentieren kann, als andere Menschen, dass alles, was unter uns Widerspruch erscheint, nur Wortstreit ist, der daraus entsteht, weil ich die Sachen anders benennen muss, was aller Kontroversien Quelle ewig war und bleiben wird."

Die Übereinstimmung der angeführten Verse des Gesprächs mit den entsprechenden Stellen des Briefes lässt offenbar schliessen, dass die Scene ebenso wie der letztere ein unmittelbarer Ausfluss von des Dichters im Jahre 1774 betriebenen Spinozistischen Studien ist. Auf die gleiche Entstehungszeit deutet die Stelle am Ende der Scene hin*):

---
*) V. 3184—86.

„Und die Physiognomie versteht sie meisterlich . . .
Mein Mäskchen da weissagt verborgenen Sinn . . ."
Dieselbe enthält eine Anspielung auf die physiognomischen Fragmente, welche Lavater im Jahre 1774 unter Göthes Augen vorbereitete, eine Schrift, durch die der Dichter zuerst auf die physiognomischen Probleme hingeführt wurde, und aus der er — seiner Gewohnheit gemäss, das, was ihn gleichzeitig beschäftigte, poëtisch zu gestalten — sogleich ein neues Motiv entnahm, um es in seinem Faust zu verwerten.

§ 4. Von den übrigen zur Gretchentragödie gehörenden Scenen, welche sich im Fragment von 1790 fanden, scheint die Domscene zunächst erst nach Göthes italienischer Reise verfasst zu sein, da das hier hervortretende opernhafte Element mit Sicherheit auf die Anregung zur Behandlung des mehrstimmigen Singspiels zurückgeführt werden dürfte, welche der Dichter durch seinen in Italien angeknüpften Verkehr mit dem Musiker Kaiser erhielt. In die gleiche Zeit würde die Scene im Zwinger zu verlegen sein, welche Scherer als aus der Domscene hervorgegangen erklärt, und welche das nämliche Motiv wie jene, nämlich die Gewissenspein des seiner Schuld bewussten Mädchens zum Ausdruck bringt, wofern wir nicht etwa umgekehrt die letztere als aus der ersteren unter Einkleidung in die opernhafte Form abgeleitet betrachten wollen. Die Scene im Zwinger, sowie auch die am Brunnen mögen sehr wohl noch in der uns beschäftigenden Dichtungs-

Periode verfasst sein, da sie dem damals von Göthe verfolgten Plane gemäss das Drama im idealen Sinne weiter ausbauen. Noch in der Zeit vor Anfang 1775 dürfte auch die Scene „Trüber Tag, Feld", geschaffen sein, welche im Fragment freilich fehlte, sich aber ebenfalls dem seit 1774 behandelten Plane anschliesst, insofern als sie die Folgen der hiernach als bereits geschehen vorausgesetzten Verführungsthat darstellt. Scherer folgert dies nämlich aus dem Umstande, dass auch die „Kindesmörderin" Wagners, ein Drama, das bekanntlich dem Götheschen nachgedichtet ist, eine Scene enthält, worin, wie in unserer, Gretchen als auf der Flucht und beim Umherirren begriffen geschildert wird, der Verfasser derselben aber den Faust bereits vor April 1775 kennen gelernt haben muss*). Ebenso scheinen die Verse Einsiedels in dem Neujahrsgrusse von 1776:

„Parodiert sich dann als Dr. Faust,
Dass dem Teufel selber davor graust"

schon damals eine Scene wie die unsrige vorauszusetzen, wo Faust durch seine Worte: „Rette sie oder weh' dir! Den grässlichsten Fluch über dich auf Jahrtausende!" den Mephistopheles einschüchtert, und zugleich lässt der Gleichklang der Worte**): „Sie ist die erste nicht" mit denen des 1774 entstandenen „Clavigo": „Sie ist nicht das erste verlassene Mädchen..." den Schluss

---

*) Nach E. Schmidt. S. Scherer, Aus Göthes Frühzeit, S. 96.
**) S. D. Jacoby im Göthe-Jahrbuch von 1883, S. 312.

zu, dass die Scene mit dem letzteren Drama gleichzeitig gearbeitet worden ist. Wenn hingegen Scherer*) die Scene wegen des Stils des „krassen Naturalismus", welcher in Ausdrücken, wie „Hund, abscheuliches Untier! Fletsche deine gefrässigen Zähne mir nicht so entgegen!" und anderen zu erkennen ist, in eine frühere Jugendperiode des Dichters verlegen will, so trifft dies für uns nicht zu, da ganz ähnliche Ausdrücke in der zweiten Gartenscene, welche sich uns gerade als im Jahre 1774 — dem Jahre, in das wir auch die vorliegende Scene zu verlegen geneigt sind — entstanden erwiesen hat, entgegentreten. Dort heisst es z. B. ebenfalls von Mephistopheles „Du Ungeheuer..." und „Du Spottgeburt aus Dreck und Feuer!" Allerdings enthält die Scene in ihrer jetzigen Gestalt — in dieser wurde sie erst 1803 im weimarschen Wochenblatte veröffentlicht — Elemente, die erst nachträglich, und zwar im Verfolg des in Italien geschaffenen Planes hinzugefügt wurden. Auf diesen werden wir noch näher einzugehen haben. Für jetzt mögen die Stellen, welche als spätere Zusätze erscheinen, nur kurz bezeichnet werden. Es sind nämlich zunächst die Worte am Ende des ersten Absatzes: „Und mich wiegst du indes in abgeschmackten Zerstreuungen" bis „verderben", welche auf die jetzt unmittelbar vorhergehende „Walpurgisnacht" zurückzugehen und demgemäss im

---

*) Aus Göthes Frühzeit, S. 81.

Anschluss an diese verfasst zu sein scheinen. Sodann die Worte von „Wandle ihn, du unendlicher Geist!" bis „den Verworfenen!", sowie „Grosser, herrlicher Geist" bis „am Verderben sich letzt?" und endlich „Bringe mich hin!" bis „Ungeheuer!" nebst den Fausts Rede wieder aufnehmenden Worten „sag' ich". In der letzteren Stelle erkannte schon Scherer einen der Scene ursprünglich fremden Bestandteil, der nur eine Verzahnung mit der erst 1800 gedichteten Valentinscene herstellen sollte. Auf diese beziehen sich nämlich die Worte: „noch liegt auf der Stadt Blutschuld von deiner Hand ..."

Auch von der Kerkerscene mag Wagner den ersten Entwurf schon vor 1775 kennen gelernt haben; wenigstens scheint sich das Lied des gefangenen Mädchens in dessen Tragödie wiederzufinden. Wie weit jedoch die Scene schon damals vollendet war, lässt sich aus jenem Stücke auch nicht annähernd durch Rückschlüsse feststellen.

Der unverkennbar fragmentarische Charakter des in der vorliegenden Periode Geschaffenen war es offenbar, was den Dichter veranlasste, vorläufig von dessen Veröffentlichung abzusehen, obgleich er dieselbe bereits 1775 geplant haben muss*). Erst nach einer Reihe von

---

*) Dies geht aus einen Briefe des Buchhändlers Mylius an Merck vom Oktober 75 hervor, worin ersterer äussert, dass ihm statt anderer offerierter Werke der Faust lieber gewesen wäre, und schon in betreff des für diesen zu entrichtenden Honorars Vorschläge macht.

Jahren geht er daran, die verschiedenen, getrennt von einander gearbeiteten Teile zu einem einheitlichen Ganzen zu verbinden.

IV.

§ 1. Der die Gretchentragödie enthaltende Abschnitt des Dramas war bisher unverbunden neben den andern, die Weltfahrt Fausts umfassenden gestellt. Wie sich Merck in Wirklichkeit dem jüngeren Göthe auf dessen Lebenswege unvermittelt als Gefährten dargeboten hatte, so war Mephistopheles im Gedichte*) dem einem Liebesabenteuer nachgehenden Faust ohne weitere Motivierung an die Seite getreten. Göthe unternimmt es nun, den zweiten Teil des Stückes mit dem ersteren, welche beide den Helden an der Seite seines höllischen Führers schildern, unter einem gemeinsamen Plane zusammenzufassen.

Der Dichter schreibt nämlich, nachdem er, durch mannigfaltige Zerstreuungen und Beschäftigungen lange an der Fortführung seines Werkes gehindert, erst während seines Aufenthaltes in Italien dasselbe wieder

---

*) Der unter dieser Figur verborgene Merck war freilich dem hier geschilderten Jugenderlebnisse des Dichters fern gewesen. Dass dieselbe trotzdem in die Gretchentragödie eingeführt wurde, ist daraus zu erklären, dass Göthe zur Zeit von deren Schöpfung gewohnt war, Merck als seinen steten Lebensgefährten zu betrachten, und ihn deshalb auch an dem hier dargestellten Liebesabenteuer teilnehmen liess.

in Angriff genommen hat, am 1. März 1788 an Herder, er habe den Plan zum Faust gemacht und hoffe, die Operation solle ihm geglückt sein. „Natürlich," heisst es weiter, „ist es ein ander Ding, das Stück jetzt oder vor 15 Jahren ausschreiben; ich denke, es soll nichts dabei verlieren, besonders da ich jetzt glaube, den Faden wiedergefunden zu haben." Der letztere Ausdruck deutet offenbar an, dass der damals von neuem gefasste Plan an einen älteren, im Gedichte bereits verarbeiteten anknüpft. Er fügt hinzu, dass er schon eine neue Scene ausgeführt habe. Aus der „Chronologie der Entstehung Göthescher Schriften", sowie aus den Gesprächen mit Eckermann erfahren wir, dass es die „Hexenküche" gewesen ist. Letztere muss also den damals geschaffenen Plan zuerst aufweisen. Welcher Plan ist es nun, der jene Scene mit den bisher fertigen Dichtungsteilen verbindet?

Sehen wir zunächst nach, welche Stellung dieselbe in dem Zusammenhange des Ganzen einnimmt.

In dem ersten Teile des zweiten Planes, der Verabredung zu der gemeinschaftlichen Weltfahrt, war die Idee, welche dieser verfolgen sollte, deutlich ausgesprochen. Mephistopheles übernimmt unter der Bedingung, dass Fausts Unsterbliches ihm verfallen sein soll, dessen Führung durchs Leben. Diese Idee war der Dichtung zu Grunde gelegt bis zum Schluss der Scene in Auerbachs Keller. Daran knüpfte sich ohne Übergang der die Gretchenscenen umfassende dritte

Plan. Die so gebliebene Lücke füllt der Dichter jetzt durch Einschiebung der „Hexenküche" aus. Das ist die „Operation", von der er schreibt, eine Bezeichnung, welche darauf geht, dass nur an einen Teil, nicht an den gesamten Organismus des Werkes die Hand gelegt worden war. Der Plan nun, welcher durch Einschaltung jener Scene die beiden bezeichneten Abschnitte gemeinsam umfassen sollte, besteht darin, dass dem Mephistopheles, welcher die Leitung des Helden auf der Weltfahrt übernommen hatte, auch die Führung bei dem ihm nun entgegentretenden Liebesabenteuer zugeteilt wird*). Auf dieses nämlich, das hierdurch als Veranstaltung des höllischen Kupplers erscheint, wird Faust durch den ihm gereichten Zaubertrank vorbereitet. Indem dieser Plan so an den im Früheren durchgeführten anknüpft, bildet er den Faden, der die beiden bisher getrennten Dichtungsteile verbindet, und den Göthe nach seinen Worten wiedergefunden zu haben glaubt.

Dass es sich bei der durch Aufnahme der „Hexenküche" bewerkstelligten Verknüpfung der bisher ge-

---

*) Mephistopheles bleibt in der Gretchentragödie völlig passiv. Hierin liegt der Beweis dafür, dass derselbe in dieser noch nicht den höllischen Verführer, sondern Göthes Lebensgefährten Merck darstellt. Erstere kann sonach, worauf wir schon oben S. 46, Anm. 1 hinwiesen, nicht früher, als der Dichter darangegangen war, diese Figur in sein Werk aufzunehmen, entstanden sein. Andererseits muss dieselbe, wie wir ebenfalls schon oben sahen, ihren hauptsächlichsten Teilen nach bereits 1774 den Freunden Göthes vorgelegen haben, und die „Hexenküche" erhielt demzufolge erst nachträglich ihre jetzige Stellung im Zusammenhange des ganzen Dramas.

trennten Teile wirklich nur um eine oberflächliche
Operation im einzelnen, nicht um eine durchgreifende
Umgestaltung des Ganzen handelte, zeigt eine kleine
Inkonsequenz, welche der Dichter bei der Behandlung
jener Scene beging. Als Zweck des Besuches der
Hexenküche nämlich ist zunächst in den Anfangsworten
derselben*) bezeichnet, den Helden durch einen Zaubertrank zu verjüngen. Dieser Zweck wird aber am
Schlusse der Scene**) dahin variiert, dass der Trank
vielmehr als ein in der mittelalterlichen Poësie öfter
begegnender Liebestrank dienen soll. Als magisches
Mittel, um die sinnlichen Leidenschaften des Helden
anzufachen, ist indessen schon die im Zauberspiegel
sich ihm darbietende weibliche Erscheinung verwandt,
ein Motiv, das Göthe der älteren Faustlitteratur entnommen hat. Die Verse des Mephistopheles:

„Du siehst, mit diesem Trank im Leibe,
 Bald Helenen in jedem Weibe"

verraten also, dass die ganze Scene***) erst nachträglich — und hierauf speciell mag der Ausdruck „Operation" zu beziehen sein — der nunmehr hierdurch eingeleiteten Gretchendichtung angepasst wurde.

Die lange Zeit seit Abfassung der älteren Scenen,
welche dem Dichter letztere schon entfremdet hatte,

---
*) In den Versen 1988—89: „Und schafft die Sudelköcherei
  Wohl dreissig Jahre mir vom Leibe?"
**) V. 2250—51.
***) Dieselbe hatte wohl ursprünglich den mit dem Gedichte
nur sehr äusserlich zusammenhängenden Zweck, ein leben-
diges Bild von dem Zauber- und Hexenwesen des mittelalter-
lichen Aberglaubens vorzuführen.

macht es übrigens begreiflich, dass das Drama mit der Hexenscene eine von der früheren abweichende Haltung annimmt. So ist das Bild des Mädchens, das Faust im Zauberspiegel erblickt*), nicht mehr dasjenige des zuvor im Gedichte geschilderten Gretchen, sondern ein anderes, der Phantasie entsprungenes, wie es dem Helden zur Erregung seiner Leidenschaften vorgehalten werden sollte. Freilich mussten, wie hier gefolgert werden darf, die Scenen, welche die sinnliche Wendung in dem Stücke bezeichnen, bereits vor der jetzt neu hinzutretenden entstanden sein. Denn es konnten nicht die harmlos gehaltenen früheren, sondern nur die späteren, Gretchens Verführung voraussetzenden Scenen sein, wozu das hier geplante Liebesabenteuer seiner ganzen Tendenz zufolge nachträglich die Einleitung zu bilden bestimmt war. Noch deutlicher jedoch als in dieser Scene, welche das Schicksal Gretchens schon durchblicken lässt, tritt in den sich an dieselbe anschliessenden die Verführungsthat als bereits erfolgt hervor.

§ 2. Im Zusammenhange mit der „Hexenküche" nämlich müssen noch andere Partieen**), welche den in jener eingeleiteten Plan in dem Drama zur Durchführung bringen, entstanden sein, voran die neueren Bestandteile, welche die Scene „Wald und Höhle" in sich schliesst.

---

*) 2086 ff.
**) Diese mögen gemeint sein, wenn in der Chronologie der Entst. Göthescher Schriften von „einigen Scenen" berichtet wird, die im Jahre 1788 geschrieben worden seien.

Dass dieselbe, worauf schon früher hingedeutet wurde, aus älteren und jüngeren Elementen zusammengefügt ist, werden wir nunmehr nachzuweisen haben. Dafür zunächst, dass diese Scene in ihrer jetzigen Gestalt ursprünglich garnicht in Verbindung mit den übrigen älteren verfasst ist, spricht schon der Umstand, dass der Dichter ihre Stelle zweimal geändert hat. Während er dieselbe nämlich in der Ausgabe des Fragments erst auf die Gretchen als verleitet voraussetzende Brunnenscene folgen liess, versetzte er sie in der späteren Ausgabe an ihren jetzigen Platz, nach der Gretchen noch in ihrer Unschuld zeigenden ersten Gartenscene. Diese Umstellung musste wegen der in der Scene enthaltenen fremdartigen Bestandteile erfolgen, welche je einen verschiedenen Zusammenhang erforderten. Denn die Worte Fausts am Schlusse des Monologs[*]):

„Er facht in meiner Brust ein wildes Feuer
Nach jenem schönen Bild[**]) geschäftig an.
So tauml' ich von Begierde zu Genuss,
Und im Genuss verschmacht' ich nach Begierde"

können nur auf den Zusammenhang bezogen werden, wo die Verführungsthat bereits verübt ist. Ebenso aber die Verse gegen Ende der Scene[***]):

„Bring' die Begier zu ihrem süssen Leib
Nicht wieder vor die halbverrückten Sinnen!"

---

[*]) 2894—97.
[**]) Dieses Bild ist offenbar nicht das Gretchens, sondern das in der Hexenscene gezeigte; im Anschluss an letztere sind die neueren Elemente dieser Scene gedichtet.
[***]) V. 2975—76.

Die Haltung dieser Stellen war es augenscheinlich, was Göthe bestimmte, der Scene im Fragmente den Platz hinter der Brunnenscene anzuweisen. Im Gegensatz hierzu beziehen sich andere Stellen, wie*):

„Mich däucht, anstatt in Wäldern zu thronen,
Liess' es dem grossen Herren gut,
Das arme, affenjunge Blut
Für seine Liebe zu belohnen"

und noch augenscheinlicher der auf unsere Scene unmittelbar folgende Gesang Gretchens**) in den Versen***):

„Ach dürft' ich ihn fassen
Und halten ihn" ... bis „wie ich wollt'"

auf die in der späteren Ausgabe des Gedichts vorangehende Scene im Garten, wo Gretchen noch unschuldig erscheint.

Die Scene enthält demnach, wie sie uns vorliegt, unverkennbar Bestandteile, um deren verschiedenen Charakters willen sie ganz weder in den jetzigen noch in den früheren Zusammenhang passen wollte. Dagegen zeigen Anfang und Ende einen gleichen Charakter, welcher auf deren Zusammengehörigkeit schliessen lässt.

---

*) V. 2958—61.
**) Wir können diesen Gesang hier anführen, weil derselbe im unmittelbaren Zusammenhange mit den zu den älteren Bestandteilen der Scene gehörenden Versen 2949—3070, welche die Situation des von dem Liebhaber getrennten Mädchens vorführen, geschaffen sein muss. Die dort zu Grunde gelegte Situation wird hier in lyrische Fassung gebracht. Zeitlich muss sich die Entstehung des Gesanges an die Abfassung der bezeichneten Verse deshalb angeschlossen haben, da der erstere sich als bereits vor 1775 vollendet nachweisen lässt. Damals wurde die Partie schon von Fr. Stolberg nachgeahmt, nach Scherer, Göthe-Jahrbuch von 1885, S. 244.
***) 3055—56.

Der Anfang nun, welcher Fausts Monolog an den Erdgeist umfasst, enthält bestimmte Spuren, aus denen hervorgeht, dass derselbe im Anschluss an Göthes italienische Reise, und zwar vielleicht schon während seines zweiten Aufenthalts in Rom*), entstanden sein muss. Zuerst die Verse**):

„Du führst die Reihe der Lebendigen
Vor mir vorbei und lehrst mich meine Brüder
Im stillen Busch, in Luft und Wasser kennen"
setzen die Ahnung von der organischen Entwicklung in der Natur voraus, welche sich dem Dichter kurz vor dieser Zeit auf der Reise nach Sicilien, nämlich durch die Entdeckung der Pflanzenmetamorphose***), erschlossen hatte. „Jene Einheit der Natur, welche er im ersten Monolog verzweifelt suchte, ist ihm aufgegangen; er sieht das innere Band von Wesen zu Wesen laufen, er spricht von der Reihe der Lebendigen, er hat sie als Kette erkannt"†). Er selber sieht sich seine Stelle in der organischen Stufenfolge von der Pflanze bis zum entwickeltsten Geschöpfe, dem Menschen, angewiesen, die ihn der Gesamtheit der Naturwesen verwandt erscheinen lässt.

Die weiteren Verse††):
„Dann führst du mich zur sichern Höhle, zeigst Mich dann mir selbst" ....

---
*) Vom Herbst 1787 bis zum Frühjahr 1788.
**) V. 2882—84.
***) Hierauf hat schon K. Fischer, S. 168, aufmerksam gemacht.
†) S. Vischer, S. 347. Ich verweise auf die meisterhafte Würdigung des Monologs daselbst.
††) 2889—90.

betreffen das zweite Erkenntnisgebiet, zu dem der Erdgeist den Suchenden geführt hat, das der Selbsterkenntnis. Sie verweisen uns auf die stille, selbstbeschauliche Stimmung, von welcher Göthe in jener Zeit aus Rom schreibt. Endlich die Worte*):

„schweben
Von Felsenwänden, aus dem feuchten Busch
Der Vorwelt silberne Gestalten auf"
können nur auf die im Garten der Villa Borghese, wo Göthe arbeitete, sich ihm darbietenden antiken Marmorstatuen bezogen werden. Dazu die statt der sonst überall auftretenden „Hans-Sachsreime" nur in diesem Monolog angewandten jambischen Verse, welche Göthe zuerst in Italien in seinen Dichtungen zur Anwendung brachte, sowie die in der ganzen Stelle eingehaltene Präsensform, welche die geschilderten Gegenstände als dem Redenden gegenwärtig hinstellt, lassen kaum einen Zweifel, dass der Dichter die in Italien gewonnenen Anschauungen gleichzeitig in seinem Werke niedergelegt hat.

An den Ausgang des Monologs schliessen sich die weiteren, eingeschalteten Verse**) von Fausts Worten „Schlange, Schlange!" bis „Und halb und halb bist du es schon" zufolge ihrer ganzen, dieselbe sinnliche Glut atmenden Haltung an. Auch hier ist es nicht Gretchens in den älteren Teilen gemaltes, sondern das in

---
*) V. 2893—96.
**) V. 2971—78.

den Ausgangsversen des Monologs bezeichnete, schon in der Hexenscene vorgeführte Bild, auf welches die Worte: „Und nenne nicht das schöne Weib!" bezogen werden müssen. Nachträglich eingeschoben dürfte endlich auch die Stelle*) von „Verschwunden ganz der Erdensohn . . ." bis „in Tollheit oder Angst und Graus" sein, welche das mit der „Hexenküche" in das Gedicht eingedrungene stark cynische Element verrät. Das Fehlen des Korrespondenz-Reimes zu „schliessen" macht uns hierauf aufmerksam. Lassen wir diese Stelle weg, so reiht sich das Nachfolgende an das Vorhergehende völlig sinngemäss an, da des Mephistopheles: „Genug damit!" sehr wohl auf die hier dem Helden vorgeworfene Überschwänglichkeit zurückgehen kann.

Beide, der Schluss des Monologs und die eingeschalteten Verse, stehen gleichmässig im Gegensatz zu den übrigen, den ursprünglichen Kern der Scene ausmachenden Teilen. Wir haben schon oben gesehen, dass letztere dem früheren, einen realistischen Stoff behandelnden Plane angehören. Hier sei nur noch der Abstand hervorgehoben, welcher sich offenbar zwischen der jüngeren Stelle von V. 2971—78 und dem älteren Vorangehenden findet. Wenn es dort nämlich heisst: „Und **nenne nicht das schöne Weib!**" so müsste dies, wie schon Scherer bemerkt, auffallen, da in dem Vorigen schon so lange von Gretchen die Rede gewesen ist, wenn hier nicht ein ganz anderer, neuerer Plan einsetzte.

---

*) 2937—49.

Die vorhin bezeichneten neueren Bestandteile der Scene, voran der Monolog, traten erst hinzu, um den in der „Hexenküche" angesponnenen Plan zur Durchführung zu bringen. Den letzteren nämlich, wonach Mephistopheles als Anstifter des um Fausts Verführung willen veranstalteten Liebeshandels erscheint, setzt unsere Scene nach ihrer durch die später aufgenommenen Elemente bestimmten Tendenz voraus, wenn hier gleichfalls Mephistopheles es ist, der den Helden an den Gegenstand seiner Leidenschaft kuppelt, indem er denselben*), der sich von der Geliebten getrennt hat, zu ihr zurücklockt. Dabei ist das Beginnen des teuflischen Intriganten in den jüngeren Bestandteilen der Scene in ein ganz anderes Licht gerückt, als in denen, welche den älteren Kern derselben bilden**). Denn während in den letzteren die Zurückführung Fausts zur Geliebten als Mahnung zur Treue erscheinen mochte***), so stellt sich diese in den später entstandenen Teilen als Fortsetzung des höllischen Verführungswerkes dar. Die Scene leitet so den in der Hexen-

---

*) Nach V. 2894—97 und wiederum V. 2971—76.
**) Das in diesen hervortretende Verhalten des Mephistopheles war durch die hier zu Grunde gelegte reale Situation aus des Dichters Leben bedingt.
***) Wir dürfen nicht vergessen, dass hier unter der Maske des Mephistopheles noch die Figur des Freundes Merck verborgen ist. In den späteren, seit Schöpfung der „Hexenküche" entstandenen Scenen ist Mephistopheles nicht mehr als der wohlmeinende, erziehend auf den jüngeren Freund einwirkende Lebensgefährte geschildert, sondern als der dämonische Geist, welcher die sinnlichen Begierden in dem Helden nährt und mit schneidendem Hohne die edleren Regungen desselben zurückweist. Diese Wendung zeigt das Gedicht überhaupt in den seit der italienischen Reise entstandenen Teilen. Damals entzog sich Göthe dem bisherigen Einflusse Mercks und hörte demgemäss auf, denselben im Faust als seinen Lebensgefährten darzustellen.

scene angeknüpften Plan weiter. Noch einen Fortschritt in bezug auf die einheitlichere Gestaltung der bisher vorhandenen Teile des Gedichtes bezeichnet unsere Scene, indem sie auch den ältesten, mit dem ersten Monolog beginnenden Abschnitt, welcher bisher von den übrigen, bereits mit einander in Verbindung gebrachten völlig getrennt blieb, mit in den neugefassten Plan hineinzieht. Der Erdgeist nämlich, der sich dort geweigert hatte, dem ungestümen Dränger sogleich seine ganze Fülle zu offenbaren, hat ihm nach Fausts Worten:

„Erhabner Geist, du gabst mir, gabst mir alles,
Warum ich bat..."

willfahrt, indem er den ruhig Forschenden von Stufe zu Stufe führend seine Herrlichkeit schauen liess*). Zugleich erscheint Mephistopheles, der nach dem Gange der auf die Erscheinung des Geistes folgenden Teile dem Helden unvermittelt entgegengetreten war, nach den Schlussworten des Monologs als der von jenem beauftragte Diener, welcher Faust auf seinem Lebenswege zur Seite stehen sollte. Indem der Dichter so

---

*) Wir verstehen jetzt, warum der Dichter aus dem Fragmente, welches kurz nach Abfassung dieses Monologs herausgegeben wurde, die Stellen, worin der Held auf Erkenntnis verzichtete, vor allem den Vers am Ende der jetzt die grosse Lücke desselben ausfüllenden Partie „Mein Busen, der vom Wissensdrang geheilt ist..." weggelassen hat. Dieselben standen im direkten Widerspruch mit der Befriedigung an der Forschung, wie sie Faust in den ersten Worten des Monologs äussert. So kam es, dass das Fragment nach der Lücke mitten im Satze wiedereinsetzte.

an den ältesten Plan des Stückes anknüpft*), versucht er schon hier eine Verbindung zwischen diesem und dem bereits früher, in der „Hexenküche", kombinierten zweiten und dritten Plane, wo zuerst Mephistopheles als Führer des Helden auftritt, herzustellen. Eine nähere Motivierung für die Entsendung des dämonischen Gefährten durch den Erdgeist — beide sind nur äusserlich zu einander in Beziehung gesetzt — hat Göthe in der Scene freilich noch nicht gegeben. Den Teufel als den Versucher hinzustellen, dem gegenüber der Held sich bewähren soll, war hier noch nicht möglich; denn hierzu fehlte dem Dichter noch das religiöse Motiv, welches er erst später durch Schöpfung des Prologs in das Drama einführte.

§ 3. Die Idee, Mephistopheles als den vom Erdgeist gesandten Urheber des Verführungsplanes — hierin liegen die verschiedenen Momente, welche den bisher zu erkennenden Fortschritt in der Entwicklung des Dramas bezeichnen — erscheinen zu lassen, verfolgen auch die neueren Teile der Scene „Trüber Tag, Feld", deren ältesten Kern wir oben in eine frühere Periode verlegen mussten. Als neuere Bestandteile haben wir schon dort die Worte an den Erdgeist bezeichnet: „Wandle ihn, du unendlicher Geist!" bis „den Verworfenen" und „Grosser, herrlicher Geist" bis

---

*) Die ganze Scene des Spazierganges fiel ausserhalb des neuen Planes, der alle Teile der Dichtung umfassen sollte. Dies mochte der Grund sein, weshalb Göthe dieselbe bei der Herausgabe des Fragments zurückliess.

„am Verderben sich letzt." Beide Stellen sind in dem Zusammenhange der Scene sicherlich ursprünglich fremd gewesen, da sie die Vorwürfe, welche Faust dem höllischen Begleiter entgegenschleudert, willkürlich unterbrechen. Dieselben schliessen sich direkt an die jüngeren Elemente der Scene „Wald und Höhle" an. Denn der in den angeführten Worten apostrophierte Erdgeist ist nicht derjenige des ersten Monologs, welcher den Helden zurückgewiesen, sondern der des Monologs in jener Scene, welcher sich ihm offenbart hat. Diese Teile setzen nun den in den beiden zuletzt besprochenen Scenen zu Grunde gelegten Plan auch insofern fort, als Mephistopheles, dessen Thätigkeit schon dort das treibende Motiv für die Entfaltung der Handlung bildete, auch in unserer Scene als planmässiger Anstifter des Verführungswerkes hingestellt wird. Als solcher ist er hier ausdrücklich bezeichnet, und zwar in den Worten Fausts: „der am Schaden sich weidet und am Verderben sich letzt." Da die Scene nun mit Ausnahme der schon von uns angegebenen*), auf die Walpurgisnacht- und Valentinscene zu beziehenden Stellen bereits 1796 fertig gestellt erscheint**), die

---

*) S. oben S. 60 und 61.
**) In diesem Jahre schreibt Wieland von einer besondern Scene, worin Faust so wütend werde, dass er den Mephistopheles selber erschrecke. Dies geht offenbar auf die vorliegende, wo der Held durch seine Worte: „Rette sie oder weh' dir! Den grässlichsten Fluch über dich auf Jahrtausende!" den Teufel zur Nachgiebigkeit bringt. Wieland bezieht sich hierbei auf eine Scene im Gefängnisse. Er meint offenbar die Kerkerscene, welche jetzt unmittelbar auf unsere Scene folgt und auch damals schon im Zusammenhange mit der letzteren stehen mochte. Beide scheinen von ihm zusammengeworfen zu werden. S. hierüber Düntzer, I, S. 82.

Dichtung aber nach dem in die Jahre 1790—97 fallenden Briefwechsel zwischen Göthe und Schiller in dieser Zeit ruhte*), so ist mit Gewissheit anzunehmen, dass unsere Scene bereits 1788 bis 90, also unmittelbar nach denjenigen Scenen, als deren Fortsetzung sie den obigen Ausführungen zufolge erscheint, ihre jetzige Fassung erhielt.

Indem die Scene sich aber an die letzteren anschliesst, führt sie — vermöge der neu eintretenden Elemente — zugleich den Plan derselben weiter aus. War nämlich die Art, in welcher der Erdgeist dem Helden seinen höllischen Genossen zugesendet hatte, in den neueren Teilen von „Wald und Höhle" noch unbestimmt geblieben, so wird dieselbe in unserer Scene näher dahin bezeichnet, dass der Geist jenen sich ihm in Gestalt eines Hundes habe nähern lassen. Der Dichter folgt hier wiederum dem Vorgange der älteren Faustlitteratur, wie er vielfach Momente, die zur Ausstattung des Gedichtes dienen sollten, hieraus entlehnte. Der hier nur kurz angedeutete Akt erhielt später in einer besondern Scene, der ersten im Studierzimmer, seine dramatische Gestaltung. Greift aber der Dichter in unserer Scene auf den Gedanken von „Wald und Höhle" zurück — und hiermit knüpft er direkt an diese Scene an —, wonach der Erdgeist es gewesen ist, der dem Helden den Mephistopheles als Begleiter bestimmt

---

*) S. diesen Briefwechsel bei Vischer, S. 4—5.

hat, so bleibt doch auch jetzt noch der Zweck der Entsendung des unheimlichen Gefährten dunkel. Göthe selber ist sich hierüber noch im unklaren; denn er lässt den Helden sich vorwurfsvoll an den Geist wenden mit den Worten: „Grosser, herrlicher Geist, ... warum an den Schandgesellen mich schmieden ...?" Jedoch bezeichnet der Gedanke, welcher hier zu Grunde gelegt ist, dass der Held sich nämlich in seiner Gemeinschaft mit dem höllischen Genossen im Konflikt mit seiner bessern Natur befindet, einen neuen Fortschritt in der Entwicklung des Dramas, der ihn zu der innerlichsten Zerknirschung und damit zu einer, wenn auch vorerst nur vorübergehenden Lossagung von jenem führt. Dieser Fortschritt, welchen unsere Scene schon ahnen lässt, erfolgt in der den ersten Teil des Faust beschliessenden „Kerkerscene".

Diese Scene, die sich der ausgesprochenen Idee nach wiederum an die Scene „Trüber Tag, Feld" anschliesst, weist auf die letztere auch dadurch zurück, dass sie ebenfalls Gretchen als auf der Flucht ergriffen und gefangen voraussetzt. Sie mag deshalb, wenn sie gleich, ebenso wie jene, ihrem ersten Ansatze nach schon in eine frühere Zeit fallen mag, eine Neubearbeitung in der uns beschäftigenden Dichtungsperiode erfahren haben. Hierauf dürfte auch die Erwähnung einer Kerkerscene in Verbindung mit der Scene „Trüber Tag, Feld", wie sie in den vorhin citierten Worten Wielands liegt, hindeuten. Indes kann das bereits in der Zeit unmittelbar vor Veröffentlichung der Fragment-Ausgabe Vorhandene, welches die Dichtung schon damals vorläufig abzuschliessen bestimmt sein mochte, wiederum nicht viel mehr als ein Entwurf zu der späteren Gestalt der Scene gewesen sein, da die sittliche Erhebung des gefangenen Mädchens, welche sich in ihm auf Grund seines Glaubens an die göttliche Barmherzigkeit vollzieht, das religiöse Motiv voraussetzt, welches erst später in das Gedicht aufgenommen wurde.

Da wir aber die damalige Fassung der Scene nicht mehr zu erkennen vermögen, so wissen wir auch nicht genau, welchen Abschluss der Dichter der bis hierher reichenden älteren Bearbeitung des Werkes, wie sie bis 1790 vollendet war, mit der ersteren zu geben beabsichtigte. Jedenfalls war diese erste Bearbeitung des Faust aber, seitdem in der Behandlung desselben überhaupt ein zusammenhängender Plan verfolgt wurde, wie schon bemerkt, von Anfang an tragisch gedacht*) und sollte, dem Gange aller früheren Faustdichtungen zufolge, dementsprechend mit des Helden Untergange endigen. Denn die Perspektive auf einen befriedigenden Abschluss des Dramas, wie diese durch den in der neueren Ausgabe vom Jahre 1808 enthaltenen Prolog eröffnet war, fehlte in der älteren ganz.

---

*) Was das Schicksal des Helden betrifft. Dass in dem Gedichte im übrigen auch das humoristische Element nicht fehlt, haben wir schon oben S. 39 und 40 gesehen.

Vielmehr lässt das Schicksal Gretchens, welches durch die Tendenz des jetzt behandelten Planes von Anfang an vorbereitet war, ahnen, dass das Gedicht auch für den Helden einen tragischen Verlauf nehmen sollte. Dies liegt auch in der Bezeichnung „Tragödie" ausgesprochen, welche Göthe bei Veröffentlichung des Fragments als Überschrift für dasselbe gewählt hat.

V.

§ 1. Göthe fasst, nachdem er, wie wir sahen, verschiedene Anläufe genommen hat, um die einzelnen Teile der Dichtung in einen durchgängigen Zusammenhang zu bringen, den genialen Gedanken, dadurch, dass er Faust in seinem Streben von der göttlichen Allmacht geleitet, sowie dessen Gemeinschaft mit seinem höllischen Gefährten als durch jene zugelassene, zur Bewährung des Helden führende Versuchung hinstellt, den Gang des ganzen Dramas von einem einheitlichen, durch die Tendenz des göttlichen Ratschlusses vorgeschriebenen Plane bedingt erscheinen zu lassen.

Dieser neue Plan, welcher den ersten Teil des Faust vorläufig zur abschliessenden Gestaltung bringt, ist in der zweiten Ausgabe des Gedichtes vom Jahre 1808 durchgeführt. Die demselben zu Grunde liegende

Idee*) findet sich jedoch schon in dem 1797 geschaffenen Prolog ausgesprochen. Von der jetzt dem Gedichte gleichfalls vorantretenden „Zueignung", sowie dem „Vorspiel auf dem Theater" dürfte letzteres schon vor dem Prolog entstanden sein. Denn die Verse am Schluss desselben:

„Und wandelt mit bedächt'ger Schnelle
Vom Himmel durch die Welt zur Hölle"

scheinen noch dem alten Plane anzugehören, wonach Faust am Ende der Hölle verfallen sein sollte. Die Zueignung ist nicht, wie sonst wohl Widmungen pflegen, an die Leser, sondern an die Gestalten gerichtet, welche in den älteren Teilen des Dramas vorgeführt sind. Diese bezeichnet der Dichter, an sie apostrophierend, als zum Teil wirkliche, ihm im Leben nahegetretene Personen, für die er sein Werk ursprünglich verfasst habe, die aber meistens, wie der mit den Worten „alte Freundschaft" erwähnte Merck, schon seither aus dem Leben geschieden seien. Durch die Erinnerung an diese Gestalten fühlt er sich in die Phantasiewelt seiner Jugendzeit zurückversetzt, die ihm, wie früher für die Anfänge, so jetzt für die Weiterführung seines Gedichtes den Stoff geben soll. Das Vorspiel auf dem Theater, welches ebenso wie die Zueignung nicht organisch mit dem Ganzen der Dichtung verbunden ist, wird von Vischer als „humoristischer Geleitsbrief"

---

*) Von einer das ganze Stück umspannenden Idee kann erst in bezug auf diese, die jüngste Bearbeitung die Rede sein.

charakterisiert. Dasselbe stammt aus der Zeit, wo Göthe, der jugendlichen Begeisterung, welcher der Faust entsprungen war, nicht mehr mächtig, die Hoffnung aufgegeben hat, denselben mit der feuerigen Kraft seiner Jugendzeit, mit der er ihn begonnen hatte, vollenden zu können. Der Dichter entschuldigt sich hier deshalb, wenn er den Wünschen des Publikums, welche der „Direktor" vorbringt, Rechnung tragend, sowie zu einer weniger strengen Kunstauffassung, welche die „lustige Person" geltend macht, hinabsteigend, versucht das Mögliche zu thun, um wenigstens zu einem Abschluss zu kommen. Die Forderungen der wahren Kunst lässt er durch den „Dichter" vertreten.

Die Exposition des neuen Planes nun ist in dem Prolog enthalten. Als Eingangsmotiv dient der Gesang der Erzengel, welcher den Gedanken ausführt, dass überall in der natürlichen Schöpfung Harmonie herrsche. Nur in der sittlichen Welt — und hierauf richtet sich die Anklage des Mephistopheles — scheint Disharmonie zu walten, insofern als der Mensch, dem ihm verliehenen sittlichen Bewusstsein zufolge, zwar strebt den rechten Weg einzuschlagen, aber trotz aller Anläufe, die er hierzu nimmt, stets wieder fehlgeht und von einem Irrtum in den andern verfällt. Die Perspektive, welche sich schon hier darauf eröffnet, dass, wie in der Sphärenwelt, so auch in dem höchsten Schöpfungsgebiete, der Menschennatur, sich Harmonie zeigen wird, bildet die Exposition des ganzen Dramas. Denn die

Worte des Herrn deuten im voraus an, dass der Mensch, wenn er auch den mannigfachsten Irrungen ausgesetzt ist, doch einer allmählichen Läuterung entgegengeht, die ihn in seiner sittlichen Natur befestigt und so mehr und mehr die Fehltritte zu meiden lehrt. Göthe benutzt nun, wenn auch in freierer Weise, ein dem Buche Hiob entnommenes Motiv, wonach der Herr den ihm ergebenen Diener dem Teufel zur Versuchung überlässt, um diesen zu der Erkenntnis zu führen, dass er auf die Dauer über den Menschen keine Macht hat. Während aber Hiob durch sein unüberwindliches Gottvertrauen dem Versucher Widerstand leistet, so ist es die nie ermattende Kraft des eigenen, schon durch die ihm innewohnende Richtung zum Göttlichen führenden Strebens, welche den Helden unseres Gedichtes — und hiermit ist die von dem Gange der Hiobgeschichte abweichende Entwicklung des Götheschen Dramas, sowie zugleich die Tendenz des Faustischen Charakters, wie ihn der Dichter nunmehr fasst, bezeichnet — zur Bewährung gelangen lässt.

„Und steh' beschämt, wenn du bekennen musst:
Ein guter Mensch, in seinem dunkeln Drange,
Ist sich des rechten Weges wohl bewusst!"

Diese Worte des Herrn im Prolog eröffnen nun im Gegensatz zu dem Verlaufe aller älteren Behandlungen der Faustsage einen Ausblick darauf, dass der Held nach dem neuen Plane des Stückes nicht untergehen, sondern gerettet werden soll. Die bereits vorhandenen

Teile bleiben hierbei im wesentlichen unverändert*) bestehen, wenn sie auch durch die jetzt erfolgende Überarbeitung des Gedichtes in ein völlig anderes Licht, als bisher, gerückt werden. Dagegen treten einzelne Partieen hinzu, welche den im Prolog eingeleiteten Plan in dem Ganzen zur Durchführung bringen.

Die im Prolog ausgesprochene Idee, dass Faust dem Versucher gegenüber eine Probe bestehen soll, wird zunächst in dem Wortlaut der Wette näher dargelegt, deren Austrag daran gebunden ist, ob Mephistopheles den Helden in seinem selbstständigen Streben durch Genüsse wird fesseln und so ihn selber in seine Gewalt bringen, oder ob Faust dessen Lockungen wird widerstehen und endlich siegreich über jenen triumphieren können. Die Bewährung des Helden, welche nach den Worten des Herrn im voraus gewiss erscheint, führt zu dem Himmelfahrtakte am Ende des zweiten Teils, einer Scene, die sich ebenso an den Prolog anschliesst, wie die den Wettvertrag enthaltende Stelle, welche, wie wir schon oben dargethan haben, bei der neuen Behandlung des Gedichtes in eine ältere Scene eingefügt wurde.

Durch den im Prolog angesponnenen Plan erweisen sich aber noch andere Partieen bedingt, welche das jenem zu Grunde liegende biblische Motiv nebst den

---

*) Nur die Gesprächsscene im Studierzimmer erfuhr eine geringfügige Veränderung, sowie die Hexenscene einzelne Zusetzungen. S. Löper, S. X.

damit verbundenen Motiven explicieren und deshalb gleichfalls erst nach Schöpfung des Prologs entstanden sein können, voran der Ostergesang*).

Sollten die himmlisch-religiösen Mächte nach dem im Prolog angesponnenen Plane am Ende des Dramas die Rettung des Helden bewirken, so musste der Dichter schon um der Verzahnung willen die ersteren bereits zuvor an den Helden, um ihr schliessliches Eingreifen vorzubereiten, herantreten lassen. Wie weit dem Verlaufe, welchen das Drama hiermit nimmt, ein realer Vorgang aus Göthes eigenem Leben entspricht, ist nicht zu entscheiden. Jedenfalls war es aber die mit gläubigem Gefühl erfüllte Jugendzeit, auf welche der Dichter zurückgreift, wenn er den Helden durch die Erinnerung an diese von dem äussersten Schritte abgezogen werden lässt.

Zur Vervollständigung der hiermit eingeleiteten Osterscene knüpft er den Osterspaziergang an, welcher in der folgenden Scene „Vor dem Thore" dargestellt ist. Diese, welche zwar ihren verschiedenen Bestandteilen nach längst in das Gedicht verwoben war, wird jetzt als eine besondere Scene aufgenommen, ein Beweis dafür, dass dieselbe, wie schon oben geschlossen wurde, von Anfang an in einer bestimmten, abgeschlossenen Gestalt vorlag.

Statt der religiösen sind es sodann die magisch-

---

*) V. 384—454.

diabolischen Mächte, welche dem im weiteren Verlaufe des Stückes zu Grunde gelegten Gange des Volksschauspieles zufolge in das Leben des Helden eingreifen. So war der Übergang zu dem diabolischen Motiv gefunden, welches schon früher in dem Gedichte verwandt war. Nach dem alten Plane erfolgte das Eintreten des Mephistopheles, in welchem das erstere verkörpert erscheint, freilich direkt auf das am Schluss des Anfangsmonologs dargestellte Verschwinden des Erdgeistes. Eine Befriedigung des überschwänglichen Trachtens von seiten jenes Geistes war hiernach dem Helden versagt geblieben, dafür sollte ihm aber eine Heilung davon zu teil werden. Diese bietet ihm nämlich der somit eingeführte Mephistopheles. Während der letztere aber bei der früheren Gestaltung des Dramas unvermittelt als „deus ex machina" dem Helden entgegengetreten war, so sucht Göthe bei der späteren Bearbeitung desselben nach einer dramatischen Motivierung für die Dazwischenkunft jener Figur und findet diese in der dem Volksstücke entlehnten Beschwörung des magischen Pudels, welche in einer neu geschaffenen Scene, der ersten im Studierzimmer, vorgeführt wird.

§ 2. War nun die Figur des Mephistopheles schon in den älteren Teilen des Gedichtes benutzt, so ist doch der Charakter derselben, wie sie in der Beschwörungsscene erscheint, ein ganz anderer als in jenen, und dieser Umstand beweist, dass Göthe bei dessen Zeichnung daselbst einen neuen Plan verfolgt hat.

Der Dichter knüpft nämlich in der jetzt erst geschaffenen Scene wiederum an den Prolog an. In diesem, wo mit dem himmlisch-religiösen Motiv das höllisch-diabolische verbunden ist, war bereits die Gestalt des eigentlichen Teufels eingeführt, welcher dem Herrn des Himmels als der Fürst der Hölle gegenübergestellt wird. Wie hier, so ist es auch in den sich an den Prolog anschliessenden Partieen der höllische Geist, welcher an Stelle des in den älteren Scenen dargestellten Mephistopheles der mittelalterlichen Sage, wenngleich unter demselben Namen, auftritt. Denn die in der ersten Scene im Studierzimmer gebrauchten Ausdrücke: „Höllenluchs", „Flüchtling der Hölle" und „Sohn der Hölle", Bezeichnungen, wie sie dem Mephistopheles in den früher geschaffenen Scenen nirgends beigelegt werden, lassen den dort geschilderten Teufel als die im Prolog eingeführte biblische Figur erkennen, welche nur in den neu entstandenen Partieen fungiert. Auf diese weisen auch die der Bibel entnommenen Attribute hin, welche dem Mephistopheles jener Scene beigelegt werden. Der Name „Fliegengott" nämlich entspricht dem alttestamentlichen „Belzebub"; ebenso „Verderber" und „Lügner" dem „Abadon"; „Lügner" auch dem „Diabolus" des neuen Testaments*).

Noch deutlicher aber klingt in der Art, in welcher der neue Mephistopheles sich in unserer Scene giebt,

---

*) S. Löper, S. 45—46.

der Charakter desselben in eben der Weise an, wie er bereits im Prolog präformiert war. Göthe hat es hier unternommen, seinen Teufel eine humoristische Rolle spielen und ihn so seine wahre Natur hinter einer harmlos-gemütlichen Maske verbergen zu lassen.

„Von allen Geistern, die verneinen,
Ist mir der **Schalk** am wenigsten zur Last".

Diesen Worten des Herrn im Prolog*) liegt die Idee eines humoristischen Teufels zu Grunde, welche nur in den bei der jüngsten Bearbeitung des Gedichtes entstandenen Teilen durchgeführt ist. Einige Ähnlichkeit mit dieser Figur mag der sarkastische Mephistopheles des Fragments infolge eines gewissen negativen Momentes, das sich in beiden findet, aufzuweisen haben. Aber nirgends ist der Humor im Charakter des Teufels so nachdrücklich ausgesprochen, wie in den Worten, mit denen der Mephistopheles des neuen Planes auf Fausts Frage, wer er sei, sich selber parodiert**):

„Ein Teil von jener Kraft,
Die stets das Böse will und stets das Gute schafft***).

---

*) V. 338—39.
**) Gleichfalls in der ersten Scene im Studierzimmer, V. 982—83.
***) Der naiv-komische Grundzug im Charakter des Mephistopheles ist überhaupt in den an den Prolog anknüpfenden Partieen, nämlich in der uns beschäftigenden zweiten Scene im Studierzimmer und in dem Himmelfahrtakte am Ende des zweiten Teils durchgeführt. Ein ähnliches Element, wie der hier gezeichnete Mephistopheles, enthält schon der Teufel der mittelalterlichen Mysterien. Auch hier wird der höllische Geist in derb-komischer Weise als „dummer Teufel" verspottet. Wenn Göthe gleichfalls zu einer humoristischen Behandlung seines Teufels gegriffen hat, so wollte er nicht

Die positive Seite in der Thätigkeit des bösen Geistes, welche zugleich in diesen Worten bezeichnet wird, ist ebenfalls schon im Prolog angedeutet, nämlich in den Versen:

„Drum geb' ich gern ihm den Gesellen zu,
Der reizt und wirkt und muss, als Teufel, **schaffen.**"

Die negative Natur desselben, die nicht minder im Prolog vorgezeichnet ist, wird näher dargelegt in der obigen komisch gehaltenen Selbstdefinition, welche der höllische Geist dem Helden giebt*), und erhält ihre dramatische Gestaltung in dem ganzen Dialog beider, in dessen Beginn Mephistopheles sich sofort in charakteristischer Weise einführt mit den launig-behaglichen Worten**):

„Wozu der Lärm? Was steht dem Herrn zu Diensten?"

Offenbar ohne Beziehung auf den Zusammenhang der Scene und unabhängig von der letzteren geschaffen erscheint die eingestreute Partie einer Übersetzung aus dem Johannesevangelium. Schon Biedermann***)

---

einfach die überlieferte Gestalt des Volksglaubens übernehmen. Andererseits in dieser Rolle eine gewisse Idee des Bösen, wie man sie wohl in dem Götheschen Mephistopheles gesucht hat, zu verkörpern, lag seiner rein poëtischen Anlage fern. So fand er sich denn in den älteren Scenen mit der Aufgabe, dem Teufel eine dramatische Gestalt zu geben, dadurch ab, dass er ihn, nicht ohne Humor, als Mercks Ebenbild zeichnete. So führte er denselben bei der Neubearbeitung des Stückes direkt als komische Figur vor. Ihn als den unheimlichen Verführer des Menschengeschlechts zu schildern, hat er nur da einen Anlauf genommen, wo der ältere Plan des Gedichtes im idealistischen Sinne fortgeführt erscheint, in der in Italien geschaffenen „Hexenküche", sowie in den sich hieran anschliessenden Elementen von „Wald und Höhle" und „Trüber Tag, Feld".

*) V. 993—99.
**) V. 969.
***) Im Göthe-Jahrbuch von 1883, S. 315.

schliesst aus den Anklängen derselben an Bahrdts Übersetzung jenes Bibeltextes aus dem Jahre 1774, dass Göthe hierdurch zu dem vorliegenden gleichen Versuche veranlasst worden sei. Der Dichter mochte bei der Bearbeitung des neuen, durch den Prolog eingeleiteten Planes die Stelle aus den älteren Manuscripten herausgegriffen haben, um auch hier — zum Zwecke der Verzahnung — an das im ersteren zu Grunde gelegte biblisch-religiöse Motiv anzuknüpfen*). Auch die den Übergang zu dieser Stelle bildenden Verse von „Ach wenn in unserer engen Zelle..." scheinen diesen Zweck zu verfolgen. Eine Beziehung auf dieselbe Periode, in welche der Prolog fällt, dürfte auch hier gefunden werden, und zwar in den Worten**):

„Wir sind gewohnt, dass die Menschen verhöhnen,
Was sie nicht versteh'n,
Dass sie vor dem Guten und Schönen,
Das ihnen oft beschwerlich ist, murren..."

Dieselben erinnern an die Zeit***), wo die Xenien der nämlichen Klage, welche der Dichter in jenen

---

*) Ähnlich so scheint in der Ostergesangsscene ein älteres Element aus der Zeit, wo Göthe bei seiner Dichtung von den eben erschienenen Herderschen Schriften abhängig war, eingeflochten zu sein, nämlich in der Stelle V. 409 ff., woselbst der Vers: „Das Wunder ist des Glaubens liebstes Kind", wie Suphan im Göthe-Jahrbuch von 1885, S. 310 nachweist, offenbar aus den „Erläuterungen zum Neuen Testament" hervorgegangen ist. Auch hier werden die Wunder als Ausflüsse des Glaubens bezeichnet. Jener Vers erscheint übrigens schon desshalb als ursprünglich im Zusammenhange der Stelle fremd, da er keinen besonderen Korrespondenz-Reim erhalten hat und nur äusserlich dem vorhergehenden Reimpaare angereiht ist.
**) V. 849 ff.
***) Seit 1796.

Worten ausspricht, dass die Menschen nämlich das Gute und Schöne nicht zu würdigen wissen, ihren Ursprung verdankten. Im übrigen darf wohl der Gedanke den Helden, wie hier geschieht, Befriedigung im Studium der heiligen Schrift suchen zu lassen, auf Göthes eigenen, früher genommenen Anlauf zurückgeführt werden, vermittels des Studiums der Herderschen theologischen Schriften zu einem tieferen Verständnis der ersteren durchzudringen. Dass der Dichter nun, an frühere Versuche anknüpfend, im Jahre 1797 die Behandlung biblischer Stoffe wiederaufnahm, berichtet er selber in den Tag- und Jahresheften.

Im Gegensatz zu dieser Partie ist der opernhafte Geisterchor der Scene aus dem schon im Prolog mit dem religiösen verbundenen diabolischen Motiv hervorgegangen. Derselbe muss ebenfalls schon deshalb in eine spätere Dichtungsepoche verlegt werden, da Göthe zu der Behandlung von opernmässigen Stoffen, wie sie sich hier findet, erst durch den während seiner italienischen Reise angeknüpften Verkehr mit dem Musiker Kaiser hingeführt worden war. In unserer Scene haben wir nur eine sanghafte Partie*), in welcher die beiden entgegengesetzten Motive — das himmlisch-religiöse und das höllisch-diabolische — mit einander in Be-

---

*) Eine weitere ist in der zweiten Scene im Studierzimmer enthalten, und zwar innerhalb der Teile, welche wir schon oben in die Zeit der Entstehung des Prologs verwiesen haben. Auch diese dient dazu, die sich hier kreuzenden verschiedenen Motive zu verknüpfen.

rührung treten. Wie nämlich im Ostergesang der Chor der Engel und heiligen Weiber, so fungiert hier ein Chor höllischer Geister, der, wie jener den Helden durch die Verheissungen der Offenbarung auf himmlische Güter hinweist, denselben durch seine Vorspiegelungen zu irdischen Genüssen lockt.

So ist die Scene in ihren hauptsächlichen Elementen auf Motive zurückzuführen, welche erst durch Schöpfung des Prologs in das Drama Eingang fanden, und es bleibt deshalb kein Zweifel, dass dieselbe in ihrer jetzigen Gestalt bei der Neubehandlung des Gedichtes*) in dieses eingefügt wurde, zu dem Zwecke, um vermittels des ihr zu Grunde liegenden Beschwörungsaktes das Eintreten der Figur des Mephistopheles zu motivieren.

Zugleich mit der ersten Scene im Studierzimmer müssen auch die Schlussverse der Scene „Spaziergang vor dem Thore**)" entstanden sein. Letztere war, wie wir oben sahen, ihrer ursprünglichen Anlage nach be-

---

*) Dass die Scene sich ihrem ersten Entwurfe nach auch zeitlich nahe an den 1797 gedichteten Prolog angeschlossen haben muss, geht daraus hervor, dass Göthe in einem Briefe an Schiller vom 16. April 1800 bereits die Beschwörung des Teufels erwähnt. Freilich ist er nach einem weiteren Briefe vom 6. April 1801 mit der Ergänzung der betreffenden Partie der Dichtung noch nicht fertig. S. Schreyer im Göthe-Jahrbuch von 1883, S. 319 unter 4.

**) Von Wagners Worten an: „Berufe nicht die wohlbekannte Schar..." Hier hört nämlich die direkte Beziehung auf das im übrigen in der Scene geschilderte reale Erlebnis auf. Die von dem Famulus geäusserte Vorstellung von den Menschen verderblichen Luftgeistern ist dem mittelalterlichen Aberglauben entlehnt und dürfte ebenso wie die in den weiteren Versen sich darbietende Pudelserscheinung auf das magische Motiv zurückzuführen sein, welches erst mit Abfassung der Beschwörungsscene in das Drama eindrang.

reits früher vollendet, wurde aber jetzt erst in das Drama eingereiht. Dass nun jene, die Begegnung Fausts mit dem magischen Pudel behandelnde Partie aus der Zeit nach der Schöpfung des Prologs herrührt, ergiebt sich aus der Stellung, welche sie zu der Scene „Trüber Tag, Feld" einnimmt. Diese erfuhr im Jahre 1803 ihre endgültige Redaktion, indem Göthe sie Riemer diktierte und dann im weimarschen Wochenblatte veröffentlichte. Wenn nun der Dichter hierin ausführlich schildert, dass der Pudel oft vor Faust auf seinen nächtlichen Wanderungen hergetrottet sei, sich ihm vor die Füsse gekollert und beim Niederstürzen um den Hals gehängt habe, so kann unmöglich angenommen werden, dass ihm die spezielle, ganz anders lautende Darstellung, welche jene Stelle von dem Zusammentreffen beider auf dem Spaziergange giebt, schon damals vorgelegen habe. In Verbindung mit der Scene, deren Ausgang jene Verse jetzt bilden, können diese übrigens schon deshalb nicht geschaffen sein, weil sie ebenso wie die vorangehenden von den Geistern in der Luft handelnden Worte Wagners mit dem durchaus realistischen Thema derselben nichts zu thun haben. Die Erscheinung eines magischen Pudels gehört nicht der Wirklichkeit, sondern der Fiktion des mittelalterlichen Aberglaubens an. Die ganze Stelle wird also erst zu der Zeit entstanden sein, als die Beschwörungsscene bereits concipiert war und eine Schilderung von der Begegnung Fausts mit dem Mephistopheles bergenden magischen Pudel, wie sie in ersterer enthalten ist, erforderlich machte, um zu dem Beschwörungsakte überzuleiten. Angeknüpft wurde die Stelle dann an die Spaziergangsscene, weil die Wanderung Fausts und Wagners vor das Thor eine passende Gelegenheit bot, um sie mit dem Pudel zusammentreffen zu lassen. So füllt sie in Gemeinschaft mit der Beschwörungsscene — indem durch beide das Auftreten des Mephistopheles in den früher geschaffenen Scenen nachträglich seine dramatische Motivierung erhält — die letzte in dem Drama gebliebene Lücke aus, und beide Partieen müssen demnach, während sie der gewöhnlichen Annahme zufolge zu den älteren Bestandteilen gerechnet werden, vielmehr als jüngere, vielleicht sogar als die jüngsten von allen gelten.

§ 3. Wir haben bei unseren Ausführungen unter den beiden Scenen im Studierzimmer zunächst nur die erste ins Auge gefasst, welche den Beschwörungsakt enthält, und welche fast ganz von neuem gedichtet wurde. Anders als mit dieser steht es mit der sich hieran anreihenden zweiten. Dass dieselbe ältere Elemente in sich birgt, haben wir bereits oben gefunden. Scheiden wir nun diese aus, so bleiben diejenigen Teile übrig, welche sich dadurch als zu den jüngsten der Dichtung gehörig ausweisen, dass sie ebenfalls an den durch den Prolog in das Stück eingeführten Plan anknüpfen und damit eine Verzahnung der neu entstandenen und der schon vorhandenen Partieen des Gedichtes herstellen.

Als jüngeren Bestandteil der Scene verrät sich, wie schon oben angedeutet wurde, gleich im Anfange derselben die eingeschobene Stelle*) von „Und doch ist nie der Tod ein ganz willkommener Gast" bis zum Anheben des zweiten Geisterchores „Weh! weh! Du hast sie zerstört..." durch die hierin vorliegende Beziehung**) auf die den Ostergesang enthaltende Partie, welche sich ihrerseits als neueren Ursprungs herausgestellt hat. Indem diese Verse nun an die dort geschilderte Verzweiflung Fausts am Glauben anknüpfen, stellen sie denselben als die Nichtigkeit der durch die Offenbarung verheissenen Güter, wie derer, welche die Welt bietet, erkennend und zum Bunde mit dem Teufel geneigt hin und leiten so zu der gleichfalls eingelegten Wette über. Das hiermit vorbereitete diabolische Element tritt sofort mit dem auf jene Partie folgenden zweiten Geisterchor ein, welcher ebenso wie der erste der vorigen Scene erst jetzt in das Gedicht aufgenommen wurde. Dass sich nämlich die hierauf einsetzenden Worte des Mephistopheles: „Hör' auf mit deinem Gram zu spielen" ursprünglich garnicht auf die unmittelbar vorangehenden Verse bezogen haben können, und dass hier sonach zwei ganz verschiedene Pläne der Dichtung zusammentreffen, ist schon oben bemerkt worden.

---

*) V. 1219—53.
**) In den Versen (1230—33): „Wenn aus dem schrecklichen Gewühle Ein süss bekannter Ton mich zog..."

Als durch den neuen Plan bedingt erscheint ferner, wie schon hervorgehoben wurde, die ganze den Abschluss des Wettbündnisses darstellende Partie*). Der ältere, auf unbedingte Übergabe des Helden an den Teufel lautende Pakt, von dem wir einzelne Spuren in der Scene wahrnahmen, passte nicht mehr zu der im Prolog ausgesprochenen Idee, wonach die Übergabe von der Probe, ob es dem Mephistopheles gelingen werde, das freie Streben Fausts in Fesseln zu schlagen, abhängig gemacht werden sollte**). Wenn nun die Entscheidung über des Helden Unsterbliches an eine Probe, nicht an eine vorher festgesetzte Stipulation gebunden war, so musste die Bedingung einer mit dessen Blut geschriebenen feierlichen Besiegelung des Vertrages, wie sie nach dem alten Plane von seiten des Mephistopheles gestellt war, nach dem neuen als rein utopisch erscheinen. Hierauf deutet es hin, wenn der Dichter in den weiteren Versen, welche sich gleichfalls als infolge der Durchführung des neuen Planes eingeschoben erweisen***), jene von dem höllischen Compaciscenten

---

*) An deren Stelle mag Fausts, dem Pakte in seiner früheren Fassung zustimmende Erklärung gestanden haben.

**) Auch darin liegt ein Unterschied des alten und des neuen Planes, dass nach letzterem Mephistopheles den Helden durch Befriedigung am Genuss, nach ersterem dagegen durch Nichtbefriedigung zu Grunde richten will. Dies spricht er selber aus in dem Verse: „Er wird Erquickung sich umsonst erflehen..."

***) V. 1385—90: „Wenn dir dies völlig G'nüge thut" bis „verspreche". Ob an deren Stelle andere, Fausts Erwiderung vervollständigende Verse gestanden haben, ist nicht zu entscheiden; jedenfalls können sie im Zusammenhange des Gedichtes entbehrt werden.

geforderte Unterschrift als „Fratze" bezeichnet. Mit Ausnahme dieser Stelle muss der Rest der Scene von dem Verse nach dem Wortlaut der Wette:
„Bedenk' es wohl, wir werden's nicht vergessen" bis zu den Versen, mit denen das Fragment nach der Lücke wiedereinsetzt, als alt gelten. In den ersteren Worten erkennen wir schon die warnende Stimme des nach dem ursprünglichen Plane der Scene in der Rolle des Mephistopheles geschilderten Merck, welcher den jüngeren Freund von einem übereilt abgeschlossenen Vertrage abmahnt.

So treten die neueren Elemente unserer Scene, die sich uns schon oben an äusseren Spuren als eingeschoben erwiesen hatten, auch durch das in ihnen durchgeführte Thema des durch den Prolog eingeleiteten jüngsten Planes deutlich hervor. Die älteren Bestandteile derselben, sowie die übrigen schon im Fragment vorhandenen Scenen, welche unverändert in die zweite Ausgabe aufgenommen wurden, konnten im ganzen ohne Schwierigkeit in den neuen Plan eingefügt werden, da ihnen die allgemeine Tendenz desselben, dass Mephistopheles als der planmässige Verführer des Helden erscheinen sollte, schon seit Schöpfung der „Hexenküche" zu Grunde gelegt war. Im einzelnen freilich entsteht hierbei ein Widerspruch dadurch, dass Mephistopheles, welcher nach dem neuen Plan in den Dienst des Herrn gestellt ist, nach dem alten — und die hierauf deutenden Spuren werden nicht getilgt — als Beauftragter des Erdgeistes fungiert. Die Figur des letzteren, welche ebenfalls bei der Verschmelzung des früheren und des späteren Planes bestehen bleibt und gleichwohl in keinerlei Beziehung zu dem Herrn gesetzt wird, fällt so ganz ausserhalb des jetzigen Planes. Neu hinzugedichtet wurden nur noch die beiden 1800 vollendeten Teile „Valentins Ermordung" und „Walpurgisnacht", welche zur Ausstattung des Stückes dienen. Abhängig von dem neuen Plane erscheint auch noch die den Schluss des ersten Teiles machende Kerkerscene in ihrer vorliegenden Gestalt. Denn die hier geschilderte gläubige Ergebung des gefangenen Gretchen setzt das religiöse Motiv voraus, welches erst jetzt in dem Drama zur Geltung kam. Lässt nun dieser Ausgang des ersten Teiles die Idee des neuen Planes erkennen, welcher die Fügung des Schicksals beider Liebenden in die Hand des Allmächtigen legt, so eröffnet er gleichzeitig einen Ausblick auf die endliche Rettung des Helden selbst, wie diese schon im Prolog vorausverkündigt und in der Himmelfahrtscene am Ende des zweiten Teiles ausgeführt erscheint. So schliesst dieser letzte Plan, indem er die Entfaltung der ganzen Handlung des Dramas als durch eine höhere Macht bedingt hinstellt, die älteren Scenen einheitlich zusammen und bildet zugleich den Rahmen, in welchen die Fortsetzung des Gedichtes im zweiten Teile gefasst werden sollte.

Wenn nun der Dichter die einzelnen, zu verschiedenen Zeiten entstandenen Teile schliesslich zu einem zusammenhängenden Ganzen aneinanderzufügen imstande war, so musste ein jene von Anfang an einheitlich verknüpfendes Moment vorhanden sein, wodurch dies ermöglicht wurde. Dass nämlich eine harmonische Tendenz, wenn dieselbe sich auch erst allmählich zu der im Prolog ausgesprochenen Klarheit herausbildete, der Vielheit der Teile innewohnt, beweist die grosse Zahl derer, welchen die durchgängige Einheit des Gedichtes als unzweifelhaft gilt. Diese liegt in der in dem Helden sich selber darstellenden Dichterpersönlichkeit, deren die verschiedensten Stufen durchmessender Entwicklung das Gefühl des Lesers sympathisch folgt und so, trotz aller kritisch-zersetzenden Thätigkeit des in das Einzelne eindringenden Verstandes, einen einheitlichen Faden, der sich durch die ganze Dichtung hindurchzieht, festzuhalten vermag. Und hiermit hat das Werk zugleich, obschon es keine allgemeine Idee im philosophischen Sinne zur Durchführung bringt, einen universellen Charakter erhalten, welcher demselben, das zunächst nur das Leben des einen Helden zu veranschaulichen bestimmt war, dennoch schon von Anfang an zu Grunde lag. Indem nämlich Göthe, der ein Mensch war, wie kein Anderer, das eigenste Selbst in sein Gedicht hineinschuf, ist diesem eine über das Individuelle hinausgehende Bedeutung zu teil geworden, so dass es nicht Faust, sondern der Mensch ist, welcher unsern Anteil an seinem, uns selber angehenden Schicksal in Anspruch nimmt. Und wenn nun das Werk, bei der langen und häufigen Unterbrechung in dessen Fortführung, im einzelnen mancherlei Lücken und Widersprüche aufweist, so ist doch vielleicht gerade in dem Umstande der allmählichen Entstehung sein grosser Vorzug im ganzen begründet. Denn weil Göthe, der realistische Dichter, in jeder Periode gerade das, was ihn gegenwärtig am lebendigsten erfüllte, darin niederlegte, verdankt es demselben die überall gleiche Wahrheit und Tiefe.

Berichtigung:

S. 16, Z. 5 von oben lies: deutet statt: deuten.
S. 17, Z. 5 von unten lies: weist statt: weisst.
S. 20, Z. 1 von oben lies: darin: „Es ist etwas Anderes.."
S. 31, Z. 2 von unten lies: umher statt: herum.
S. 46, Z. 22 von unten lies: Zueignung statt: Zuneigung.
S. 46, Z. 11 von unten lies: abschliesst, die Verse statt: abschliesst, in der die Verse...
S. 55, Z. 10 von oben lies: scheint sich hier selber schalkhaft...
S. 83, Z. 11 von oben lies: selbständigen statt: selbstständigen.
S. 87, Z. 8 von unten lies: ersten statt: zweiten.
S. 89, Z. 6 von unten lies: deshalb statt: desshalb.